한양의 도시인

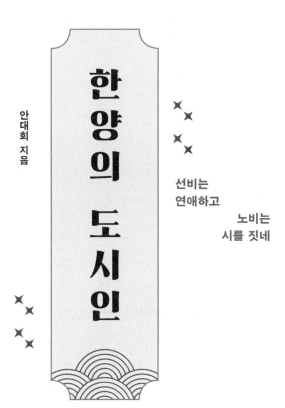

안대회 지음

한양의 도시인

선비는
연애하고
노비는
시를 짓네

문학동네

차례

3부 도회지 골목 사람들

1부

감각과 취향의 시대

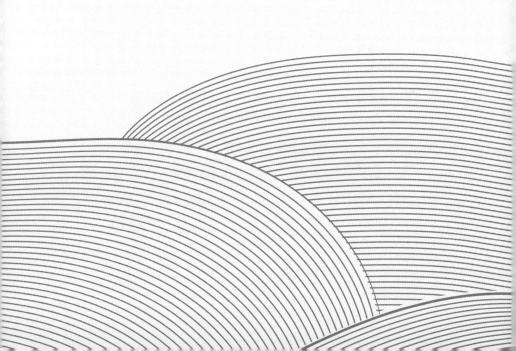

미식가 심노숭과
서울의 맛

　음식은 소비의 최전선에 있다. 감각을 마음껏 추구해도 좋다면 맛은 무엇보다 먼저 추구할 감각이다. 지금은 먹방과 요리책이 넘쳐나는 시대지만, 음식에서 쾌락을 얻으려는 욕망은 역사상 오랫동안 금기시되었다. 18세기 서울에서 소비문화가 꽃을 피우기 시작하자 사치스러운 음식은 빠르게 대중의 미각을 사로잡았다. 저급한 쾌락으로 여기던 미식이 적극적으로 추구해도 좋은 감각으로 등장했다.

　미식에 예민하게 반응한 대표적 인물이 효전孝田 심노숭沈魯崇이었다. 심노숭은 독특한 취향과 까다로운 미각을 지닌 미식가였다. 먹는 것에 집착한 심노숭은 음식에 관한 흥미로운 기록을 많이 남겼다. 서울 스타일의 음식맛을 자각한 식도락가이자 음식 비평가로서 다양한 음식을 다채롭게 평론했고, 각지를 여행하며 여러 지방의 음식 문화를 비교했으며, 그 체험을 다양한 문체로 재미나게 표현했다. 허균의 『도문대작』 같은 음식 관련 전문서를 남기지는 않았으나 그보다 더 특색 있는 풍부한 기록을 남겼다.

심노숭의 기록은 개인의 미식 체험 표현에 그치지 않는다. 18세기 조선의 음식 취향, 음식문화, 음식 담론의 향방을 가늠하게 하고, 서울 사람이 즐긴 맛의 소비를 생생하게 입증한다. 심노숭은 18세기 서울 음식문화에 새로운 변화가 찾아왔음을 증언한다.

먹 을 것 밝 히 는 세 대 의 출 현

조선은 감각적 쾌락을 저급하다고 여겨 의식주 같은 일상의 욕망을 추구하는 데도 금욕과 절제를 요구했다. 음식은 생명을 유지하기 위한 신성한 것이므로 미식을 쾌락의 대상으로 삼는 것은 올바르지 못한 행위였다. 먹음에 배부름을 구하지 않고 맛을 따지지 않으려는 절제와 금욕은 사람들의 머릿속에 깊게 뿌리박혀 있었다. 절제의 중압감이 의식을 사로잡아 일상 기록이나 시문에 미각의 향유나 음식에 관한 상세한 내용을 쓰지 못했다. 그러니 현실에서 혀끝으로 맛의 쾌락을 향유해도 그 사실을 기록하기를 꺼렸다.

18세기 들어서는 의식에 큰 변화가 일어나 음식에 관한 담론이 활발하게 전개되기 시작했다. 욕망을 추구하고 소비를 과시하는 취향이 널리 퍼져나갔다. 자연히 음식을 즐긴 경험에 대한 기록이 많아졌고 박제가나 김려金鑢, 이옥, 김조순金祖淳 등이 음식을 다룬 글을 다수 지었다. 박제가는 호박 요리를 잘했고, 그 사실을 시로 즐겨 썼다. 김조순은 벙거짓골로 즐긴 난로회煖爐會를 묘사했고, 당시 서울에서 유명한 요리사를 밝혀놓았다. 김려와 이옥은 식재료에 관해 풍부한 기록을 남겼다. 이들은 모두 서울 음식을 즐겼다. 서울 토박이 문인 가운데 미식을 즐긴 사실을 글로 쓰는 이들이 늘어났다.

먹을 것을 탐식하는 과정을 시시콜콜 글로 남기는 문사가 문단을 주도하는 세상이 되었다. 맛을 대하는 새로운 세대가 출현한 것이다. 그러한 흐름에 앞장선 인물이 심노숭이다.

심노숭은 음식 탐닉을 숨기지 않고 솔직하게 밝혔다. "나는 평소 보리밥을 즐긴다" "쑥국은 내가 대단히 좋아하는 것이었다" "나는 먹을 것 가운데 메밀면 음식을 가장 즐긴다" "나는 근일에 시루떡 생각이 간절하였다" "지금쯤 서울 시장에서 파는 어리굴젓은 내가 즐기는 음식이라 늘 생각이 간절하다" "나는 일찍이 청국장을 유별나게 즐겨서 집에 있을 때 겨울에 이 반찬이 없으면 즐겁지가 않았다" "어물 중에서 나는 잉어를 가장 즐기는데 물고기인데도 육고기 맛이 나기 때문이다" "기름장을 둘러 불에 구운 산적은 내가 몹시 즐기는 음식인데 3년 동안 맛보지 못하다가 오늘에야 한번 배불리 먹었다" 따위로 갖은 음식을 거론하며 음식을 사치하거나 중시하는 식도락가 기질을 드러냈다.

심노숭도 음식 사치를 즐기거나 맛의 좋고 나쁨을 가리는 행위가 저속한 것으로 치부됨을 모르지 않았다. 부엌을 멀리해야 한다는 군자의 규범도 당연히 잘 알았다.[1] 그러나 미각이 이끄는 유혹에 어쩔 도리 없이 자신을 내맡겼다. 먹고 싶은 음식을 보면 눈이 번쩍 뜨이고 식욕이 동하며 군침이 고였고, 음식이 입에 맞으면 날아갈 듯 상쾌해했다. 아내를 잃고 난 뒤나 기장에 유배 간 뒤로는 자나깨나 오로지 음식을 어떻게 해 먹을까 걱정하고 고민했다. 그런 자신을 자책하면서도 음식의 유혹을 이기지 못했다.

그 같은 솔직한 고백은 조선시대 사대부 문화에서 상당히 이질적이다. 일반적으로 사대부가 지은 글에서는 먹고사는 문제가 빠져 있다. 생존과 일상의 문제는 이두문이나 한글로 작성했다가 버려버리고, 고차원적인 문제는 한문으로 썼다가 문집에 실었다. 의식주의 일상사와 감각에 관한 주제는 점잖지 않고 고급스럽지 못하기에 지식과 교양을 과시해야 할 기록물에서는 모습을 감춰야 했다. 입에 올리는 순간 사치와 쾌락을 추구하는 속된 인간이라는 굴레를 뒤집어쓰기 쉬운 미각은 특히 그랬다.

그러나 심노숭은 그런 관례를 과감히 탈피했다. 신변잡사를 서슴없이 기록했고, 풍속을 사실적으로 세밀하게 묘사하면서 자기 감정을 숨김없이 드러내는 소품문을 즐겨 썼다.[2] 많은 시문에 미각과 관련한 내용을 즐겨 담았고, 여행지에서 접한 음식의 맛을 말하지 않는 경우가 드물었다. 그러한 성향이 가장 두드러진 기록물이 바로 일기였다. 음식 품평과 음식 투정이 중심을 차지할 정도였다.

서울 선비의 까다로운 식성

음식은 심노숭의 기호 가운데 윗자리에 있었다. 심노숭은 미식이 주체하지 못할 기이한 취향임을 인정했다. 넉넉한 살림살이가 탐식과 식도락 취향을 든든하게 뒷받침해주었다. 그는 유배 가서도 하숙집에 매달 3냥씩 식비로 주고, 각종 식재료를 따로 사서 댈 만큼 부유했다.

음식 탐닉은 집안 내력이기도 했다. 그는 부모의 식성과 음식 솜씨도 기록으로 남겼다. 아버지 심낙수沈樂洙는 어머니가 요리한 음식만 먹을 뿐 노비에게 식사 준비를 맡기지 않았다. 까다로운 식성 탓에 제주 목사로 재직할 때는 심노숭이 직접 아버지 식사를 조리하기도 했다. 불결한 음식이나 마늘 같은 훈채나 개고기는 먹지 않고 떡과 과일을 즐겼다. 심노숭은 아버지를 닮아 심한 결벽증에 식성이 몹시 까다로웠다. 그는 밥이 제대로 되어 있지 않으면 밥 짓는 하인을 혼내거나 매질까지 하였다.

심노숭은 기호식품도 즐겼다. 무엇보다 그는 지독한 흡연자였다. 골초 중의 골초로 한평생 값비싼 평안도 담배인 서초西草를 즐겨 피웠으며, 고급 취향이 아주 확고해 서초를 물이나 꿀에 적셔 피웠다. 파주 집과 기장 유배지에서도 직접 담배를 재배했다. 초벽草癖이 심해 잠시도 담배를 피우지 않을 수 없다고 고백하며 담배를 대는 일을 초정草政이라 부르고, 일기에도 이를 상세하게 썼다. 기장에 머물 때는 경상도 담배가 독해 두통이 생겼으며 아무 맛이 없다고 불평을 많이 했다. 조선 후기 골초의 계보에서 그를 빼놓기

힘들 정도다.[3]

술도 대단히 즐겼다. 근심 걱정을 푸는 방법으로 음주를 첫손가락에 꼽았고 그다음으로 흡연을 꼽았다. 『자저실기』에서는 평생토록 술 마신 경력을 자랑하며 젊었을 때는 무척이나 술을 즐겼고, 아내가 죽고 나서는 술에 절어 살았으며, 기장 유배 내내 술을 즐겼으나 유배에서 풀려난 후에는 술을 끊었다고 밝혔다. 유배생활 동안에는 밥은 먹지 않아도 소주는 마셨다. 식사 때마다 반주로 소주를 곁들였는데, 자기에게 병이 없는 이유를 소주 덕으로 돌렸다. 성안 술집에서는 외상 술값을 2냥 5전 달아두고 빚을 내 갚기도 했다.

게다가 심노숭은 차까지 즐겼다. 소화가 안 될 때 청나라에서 수입한 황차黃茶를 자주 마셨다. 당시 조선에서는 차를 마시는 식습관이 생활화되지 않았으니 꽤나 유난을 떤 셈이다.

심노숭은 "삼정승과 사귀지 말고 내 한 몸을 조심하라"는 속담을 들면서 음식을 잘 먹어 건강을 유지하는 게 제일이라고 생각했다. 그는 다양한 음식을 즐겼다. 각종 과일과 떡, 국수, 송이버섯, 어물, 미나리 등이 좋아하는 음식 목록의 일부였다. 봄이면 쑥과 미나리, 복어에 구미가 당겼고, 여름이면 개장국, 가을이면 송이버섯과 감, 겨울이면 떡에 군침을 삼켰고 청국장 생각이 간절했다. 메밀면은 때를 가리지 않고 먹고 싶어했다. 입맛에 맞는 음식을 열성으로 찾아 먹었고, 귀양지에서도 맛 좋은 음식을 탐식하려 애썼다.

감에 미친 바보

심노숭은 과일을 즐겨 먹는 과벽果癖을 과시했다. 특히 감을 즐겨서 '감에 미친 바보'라는 말로 자조했다. 그가 만년에 쓴 글의 일부다.

> 과일을 즐겨 먹어 마치 고질병에 걸린 듯하였다. 어린 시절에는 풋과일을 몇 되나 먹었고, 잘 익은 과일은 그 곱절을 더 먹었다. 여름철 참외 종류는 여러 사람 몫을 먹었다. 대추·밤·배·감을 좋아했고, 특히 감을 좋아하였다. 쉰 살 이후에도 여전히 한번에 60~70개를 먹자 사람들이 감에 미친 바보라고 수군거렸다.[4]

이렇듯 감을 향한 탐식이 일기 곳곳에 드러나 그저 과장으로만 치부하기 어렵다. 각지에서 쓴 일기에는 각종 감과 참외, 수박, 개암을 선물받거나 사서 먹은 사실이 적혀 있다. 지인들은 가을만 되면 반드시 그에게 감을 보냈다. 일기에 등장하는 감의 가격 정보를 그 시대 과일 가격의 기준으로 참고해도 좋을 만큼 많다.

심노숭이 날마다 먹은 감의 양은 상상을 초월한다. 보통 수십 개에서 200~300개의 감을 받는 즉시 먹어치웠다. 홍시를 제일 즐겼지만 종류를 가리지 않아 떫은감까지 먹었다. 직접 감을 우려먹기도 했다. 농익은 감의 과육을 한입에 넣고 먹으면서 서시西施의 젖가슴에 비유한 일도 있다. 복어의 흰 살을 서시의 젖가슴에 비유한 소동파의 논평이 무색하다.

국수를 먹지 않으면 즐겁지 않다

심노숭의 탐식 목록에서 현대 한국인의 눈에도 들어오는 것이 메밀국수와 육류다. 그는 메밀로 만든 음식은 다 좋아했다. 어릴 적부터 생일날 수면壽麵 먹은 일을 자주 회상했고, 메밀국수와 메밀수제비를 먹을 때면 고향의 풍미를 곧잘 떠올렸다. 생일 때 오래 살라는 의미에서 수면을 먹던 추억은 그의 입맛을 자극했다. 국수틀이 없는 경상도 시골이 촌스러운 동네라 하면서 국수틀을 어렵게 구해 메밀국수를 자주 만들어 먹었다. 기장에서는 일본 국수를 자주 구해 먹었다. 몸이 아플 때나 소화가 안 될 때도 끊임없이 먹은 음식이 바로 메밀국수였다. 메밀면 대신에 꿩고기 소를 넣은 메밀만두를 해 먹기도 했다. 여행중이라 한동안 면을 먹지 못하자 월정사에서 국수를 뽑아 먹으려 한 시도도 탐식가다웠다.

내가 음식 중에 제일 좋아하는 것이 메밀국수이다. 면의 품질
은 관서 지방이 최상으로, 차게 조리한 냉면이 한층 맛있다.
서울 면의 맛은, 냉면이 뜨겁게 조리한 온면보다 못하다. 며칠
사이에 한 번이라도 먹지 않으면 기분이 즐겁지 않다. 관동으
로 나온 뒤 관아든 민가든 아무데서도 면을 전혀 보지 못하였
다. 월정사는 상당히 크고 부유해서 면 만드는 법을 알 것 같

았고, 처마밑에서 국수틀을 발견하여 중을 불러 상의하였다. 밤에 국수를 만들었는데, 메밀가루가 마치 모래를 씹는 듯하여 냉면이든 온면이든 수제비처럼 뚝뚝 끊어졌다. 이것을 어떻게 먹으랴? 메밀 품질이 관서 지방에 미치지 못하는가보다.[5]

위에 인용한 글은 1818년 심노숭이 금강산을 여행할 때 쓴 여행기의 한 대목이다. 소품문 성격이 강한 이 글은 메밀국수를 탐하는 식성을 생생하고 흥미롭게 보여준다. 그는 평양의 유명한 냉면집 이름을 기억하고 그 냉면 맛을 추억하기도 했다.

고기 고기

그다음 심노숭이 탐식한 대상은 각종 육류와 어물이다. 젊은 시절에는 한 난로회에서 혼자서 소고기 일곱 근을 먹어치우기까지 했다. 그러고서도 자신은 병적으로 고기를 탐닉하는 게 아니라 고상한 취향을 추구하는 것이라고 강변했다.

심노숭은 각종 일기에 고기를 향한 탐욕을 고스란히 기록해두었다. 오래 먹을 수 있는 밑반찬으로 장조림을 늘 준비해뒀고, 개장국을 사철 먹었으며, 닭국과 꿩고기를 자주 먹었다. 특히 돼지고기 탐식이 흥미롭다.

나는 과연 소동파처럼 돼지고기에 병적 기호가 있다. 서울에

살 때에도 일찍이 맛 좋은 품질을 찾아서 먹었는데 침교에서
파는 돼지고기가 가장 맛이 좋아 평양의 오수五嫂집 돼지국과
같다. 옛날 제수씨가 나를 위해 늘 구해주어 먹었는데 지금
구슬픈 생각이 든다. 그래도 맛이 평양에서 먹은 것보다는 못
하다. 평양에서는 기름진 비계가 손바닥처럼 두꺼운데 설편
雪片처럼 얇게 잘라서 입에 들어가면 바로 얼음 녹듯 하였고,
불에 구워먹으면 천하 일미라 할 만했다. 궁벽한 땅에 머무는
사람이라 음식 생각이 가장 많아서 이렇게 두루 말하거니와
우스운 일이다.6

　유배지에서 돼지고기를 먹고서 늘어놓은 찬사다. 서울과 평양의
유명한 돼지국밥집 두 곳을 거론하고 그 맛을 비교했다. 평양의
오수집 고기맛을 묘사한 대목은 미식가의 글답게 구체적이고 섬
세하다.
　소고기 탐식 기록은 너무 많아 일일이 거론하기 힘들다. 심노숭
은 특별히 난로회 요리를 좋아했다. 그가 즐긴 난로회에서는 벙
거짓골에 소고기를 구워먹고 신선로까지 곁들인 것으로 보인다.
18세기에 전국적으로 널리 유행한 이 음식을 그는 유배지에서도
자주 해 먹었다. 특별히 구입한 일본제 난로를 학동들이 손대지
못하도록 벽장에 따로 간수해놓고 때때로 꺼내 소고기 요리를 즐
겼다.
　이를 잘 보여주는 한 장면은 1798년 정월 광통교에 있는 시장

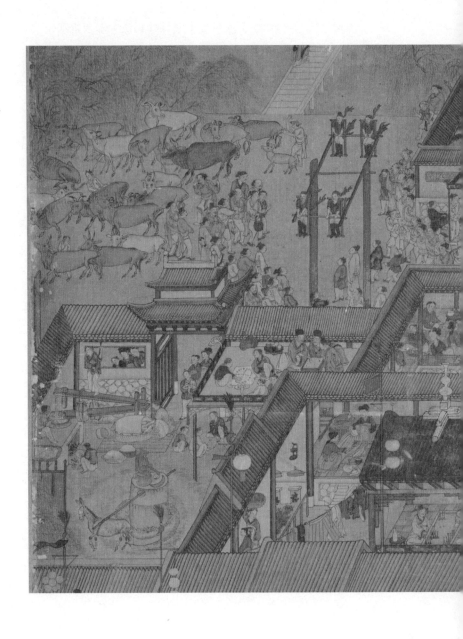

작자 미상, 〈태평성시도〉 중 5폭, 국립중앙박물관 소장. 〈태평성시도〉는 번화한 도회지 풍경을 중국풍으로 그린 8폭의 기록화로, 18세기 한양 시장의 모습을 보여준다. 위 그림은 5폭 왼쪽 상단의 일부로, 밀을 갈아 국수를 뽑는 일련의 장면을 묘사했다. 방아를 찧는 장면에서 훈련된 원숭이가 밀을 조금씩 넣는 모습이 흥미롭다. 이어서 여인이 빻은 가루를 체로 거르면 남자들이 국수틀을 이용해 국수를 뽑아 아궁이 위 솥에 넣어 국수를 삶아낸다. 당시 국수를 만드는 제작 과정을 보여주는 희귀한 장면이다.

〈태평성시도〉 국수 뽑는 장면(세부).

옆 누각에서 심노숭이 친구들과 벌인 난로회다. 그는 그날 음식과 술을 화려하게 차려놓고 만끽한 뒤에 감개한 기분을 「장가행長歌行」이란 장편시에 드러냈다.

> 박산향로 붉은 짐승이 허공에 연기를 피워낼 때
> 살진 소고기와 기름진 꿩고기가 낭자하게 깔렸다.
> 여군칠女君七의 국수는 오수집 국밥처럼 맛 좋고
> 동쪽 집의 술과 서쪽 시장의 안주가 좋다.
> 에라! 잔 높이 들어 마시고 입 크게 벌려 씹어 먹자.
> 세상만사는 한바탕 웃고 넘겨버리면 그뿐이다.
> 술 취해 죽든 배불러 죽든 내 멋대로 살자꾸나.
> 분통 터져 죽으면 간신배 아첨꾼만 기쁘게 한다.[7]

이 시에서 심노숭은 자신을 알아보지 못하는 세상을 향한 분노를 탐식으로 해소하려 하고 있다. 자기는 실컷 술 마시고 좋은 음식 먹으며 향락을 누리겠다고 했다. 당시 유행한 고급스러운 벙거짓골에 소고기와 꿩고기를 굽고 명성이 자자한 요릿집에서 국수와 술과 안주를 시켜놓고 흥청망청 먹고 마셨다. 마음껏 먹고 마시자는 분방하고 방탕한, 향락적 소비 심리는 기성세대와는 달라진 서울 상류층의 태도를 보여준다.

18세기 중후반 술과 각종 어육을 팔던 서울의 제일가는 요릿집이 바로 광통교에 있는 군칠이집이었다. 심노숭은 그 집의 음식맛이 평양의 유명한 맛집인 오수집의 음식처럼 맛나다는 평까지 곁들였다.

서울 풍미

서울 출신 사대부는 서울 특유의 맛을 판별했다. 다른 지역 음식 맛과는 구별되는 서울의 풍미를 따졌고 그 맛을 선호했다. 현 서울 강남구 대치동 학여울에 살았던 조병빈趙炳彬은 1758년 겨울에 경기 의정부시 칠봉산에 머물며 "먹을거리에 서울 음식은 없고/ 내오는 것은 고작 산골 음식뿐./ 겨우내 김장김치는 시어 터졌으나/ 봄에 말린 고사리는 향이 남아 있군"[8]이라고 읊었다.

심노숭은 입맛이 까다로운 미식가였다. 음식이 입맛에 맞지 않으면 잘 먹지 못했고 툭하면 구토감을 느꼈다. 그는 음식을 대할 때 미각의 지역성을 훨씬 더 따져서 서울 음식을 맛의 기준으로 삼았다. 지방 음식을 앞에 두고는 서울 음식과 비교하면서 질이 낮다고 평가절하했다. 단순히 서로 다르다는 것이 아니라 서울 음식은 좋고 지방 음식은 나쁘다는 차별의 미각이었다. 서울 맛, 서울 음식, 서울 식품, 서울 조리법 등의 표현을 쓰고 서울 음식의 맛과 요리법, 풍미를 구별해 본격적으로 의식한 인물은 그가 처음일 것이다.

서울 맛에 대한 자각은 심노숭이 지방에 머물며 음식을 대할 때 곧잘 나타났다. 평안도, 제주도, 전라도, 경상도, 충청도를 장기간 여행할 때 그는 머문 곳에서마다 반드시 지역 음식을 맛보고 품평했다. 대개는 서울 음식에 비해 조리가 불결하고 재료가 신선하지 않으며 간이 맞지 않아 입에 대기 힘들다는 악평을 늘어놓았다.

심노숭은 제주도에 도착하기 전에 잠깐 머문 전남 해남 이진포에서는 밥이고 죽이고 물이고 냄새가 나서 토가 나올 지경이라고 악평했다. 제주도에서 5개월을 묵는 동안에는 음식을 앞에 두면 비위가 상해 물고기고 고기고 맛이 없다 했다. 이곳에 머무는 내내 학질에 걸려 고생한 이유가 비위 상하는 음식에 있다고 투덜거리기도 했다. 만년에 전라도 부안으로 유배 가서는 큰 고통을 겪은 이유를 먹을 수 없는 음식 탓으로 돌렸다. 그는 육고기가 없고 물고기라 해도 하등품만 나오며 겨우 고기볶음과 말린 물고기만 나오고 간식거리가 없는 것을 견디기 어려워했다.

심노숭은 부안에서 음식을 제대로 먹지 못하자 부엌 옆에 따로 질솥을 걸고 종을 시켜 음식을 만들어 먹었다. 그는 호남 음식에 불만이 컸다. 호남은 쌀맛이 좋다는 평판이 있기는 하나 그의 입맛에는 묵은쌀맛이 나거나 서울의 공미貢米 밥맛이 나며, 콩은 모래 씹는 것처럼 딱딱해 품질이 형편없다고 지적했다. 어물과 고기, 채소도 전국에서 가장 나쁘다고 악평했다.

서울 맛을 기준으로 타지의 음식을 평가절하하고 서울 맛을 그리워하는 태도는 유배지 기장에서 가장 심하게 나타났다. 밥상을 대할 때 툭하면 비위가 상하고 토 나온다며 짜증을 냈다. 기장의 독특한 풍물 열여섯 가지를 시로 읊으며 다음과 같이 음식을 묘사했다.

벼를 거칠게 빻아 뉘가 많이 섞이고
밥이 너무 돼서 모래를 씹는 듯하다.
쌀뜨물이 아니면 국을 끓이지 않고
순전히 물이건만 술이라 강변한다.
꿀은 너무 귀해 약이라 부르고
숭늉을 끓여서 차 대신에 마신다.
고기를 잡아도 씻지 않아야 좋다 하고
물고기를 구워도 덜 익어야 맛있다 한다.
아플 때 쓰는 기름 한 숟가락도
천금 가진 부잣집 찾아가야 얻는다.[9]

몹시 그럴 법한 생생한 내용이다. 이 시에서 심노숭은 밥과 국, 술과 숭늉, 어육과 기름 등을 들어 그런 조악한 음식을 어떻게 먹으며 사는지 악평을 늘어놓았다. 평가 기준은 서울 입맛이었다. 그에게 기장 음식은 서울 음식과 다른 맛이 나는 정도가 아니라 수준이 떨어졌다. 음식의 수준을 올리고자 서울에서 밥하는 하인을 데려오려 했으나 여의치 않자 그에게서 배우는 학동인 팔십이八十伊에게 서울식 요리법을 가르쳐 서울식 요리사로 만들었다. 방 앞에 따로 솥을 걸어놓고 자기 입맛에 맞게 요리하는 팔십이를 흐뭇하게 바라보며 서울 요리사보다도 솜씨가 좋다고 칭찬했다.

심노숭이 신경을 곤두세운 음식 가운데 최고는 김치였다. 기장 음식을 견디지 못해 직접 서울식 김치를 담가보기도 하고 남에게

서 구해 먹기도 했다. 서울 맛 김치를 얻으면 맛나게 먹고 칭찬의 말을 꼭 기록해두었다. 1805년에는 백김치를 얻고서 서울에서 유명한 왕십리 김치 맛이라며 대단히 기뻐하기도 했다. 서울 맛을 잊지 못해 타지 음식에 적응 못하는 까다로운 식성을 반성도 해봤으나 헛일이었다.

유독 서울 맛을 자극하는 제철 음식으로 미나리 요리와 복어국이 있었다. 특히 미나리 요리는 그의 미각을 자주 돋웠다. 어머니는 왕십리 미나리로 요리를 만들곤 했다. 특별한 추억으로 버무려진 그 맛의 추억을 「미나리 노래를 지어 신주한에게 보여주다水芹歌示申生周翰」란 장편시에 담았다.

한양성 부잣집에선 2월 김치로
실처럼 부드러운 미나리를 양념하지.
거위알처럼 하얀 광주 분원 사기 종지에
담아 내오면 입에서 먼저 침이 고이지.
반찬으로도 맛있고 안주로는 더욱 좋아
저민 꿩고기나 양고기보다 훨씬 낫지.
청포묵에 탕평채를 곁들여서
새로 담근 소곡주 마셔 온종일 거나하지.
또 강회라 부르는 별미가 있어서
데친 미나리에 생파를 고루 나눠
동글동글 묶어서 엄지손가락 크기로 만들고

물고기 살을 발라 고추장에 찍지.
작게 잘라 기름에 볶은 것을 짠지라고 하니
봄철 점심에 비빔밥거리로 맞춤이지.
배오개 시장에 팔리는 온갖 나물 중에
미나리 장사만이 치마에 돈이 넘치지.

왕십리 미나리는 당시 서울 근교농업의 명산품으로 대단히 유
명했다. 겨울을 견딘 왕십리 미나리로 만든 반찬과 술안주는 입맛
을 돋우는 봄철 음식이었다. 왕십리에서는 미나리김치를 담가 머
리에 이고 성내로 들어와 팔기도 했는데 심노숭은 그 맛을 떠올리
면 입에 침이 고였다. 타지에서 봄철을 날 때 못 견디게 그리운 제
철 음식이었다. 지금도 흔히 먹는 강회 요리와 비빔밥거리 미나리
요리는 떠올리기만 해도 군침이 도는 음식이었다.
　심노숭은 기장에서 미나리 요리를 보자 바로 어머니를 떠올렸
다. 봄철에 새로 담근 미나리김치를 내오며 "네가 좋아하는 것이
지"라 하시던 말씀이 귓가에 맴돌았고, 그러면 입안에 옛날 미나리
맛이 감돌면서 마치 어린애가 엄마젖을 빨고 싶듯이 마음이 타들
었다.

없는 이를 그리워하며
혀끝에 새겨진 이런저런 기억은 때때로 음식을 먹을 때 불쑥 불

려 나왔다. 독특한 맛을 접하거나 향을 맡을 때, 명절 음식을 먹을 때, 특별한 사람과 특별한 시간에 음식을 먹을 때 그는 음식을 공유하던 사람과 시간과 장소를 자주 떠올렸다.

심노숭은 밥상을 앞에 두면 추억이 저절로 떠오르는 일이 잦았다. 아이가 준 산포도를 물끄러미 바라보다가 슬픔이 새록새록 일어나 마음을 억누르지 못했고, 우피전牛皮煎을 맛나게 먹고서 어머니가 즐겨 드시던 겨울철 별미란 생각이 들어 슬픔을 견디지 못했다. 유둣날에는 수병水餠과 빙과氷瓜 같은 제철 음식을 제사상에 올리고, 친척과 이웃끼리 음식을 주고받으면 아이들이 펄쩍펄쩍 뛰며 좋아하던 옛 풍경이 떠올라 가슴이 미어졌다. 4월 초파일에 기장에서 백반에 개장국을 먹다가 문득 서울에서 느티떡에 미나리나물, 도밋국을 먹던 생각을 하니 서울 음식은 마치 천상의 음식처럼 느껴져 입맛을 다시기도 했다. 9월 9일에는 국화떡과 무떡, 생해전生蟹煎, 토란국, 감과 밤 등을 먹던 추억을 떠올렸다.

음식은 이제 없는 이를 그리워하게 했다. 아내를 떠나보낸 뒤 이듬해에 지은 제문에서 그는 떡과 참외를 놓고 왁자하게 떠들던 추억을 되새겼다. 평안도 안주 주막에서 술과 음식을 차려놓고 제야除夜를 보낼 때는 서울 명동 집에서 아내가 무떡을 소반에 받쳐들고 와서 함께 새해를 맞이하던 기억이 갑작스레 떠올랐다.

죽은 아내의 생일날인 10월 9일에는 또 이런 추억이 떠올랐다. 10월 9일 술과 안주가 가득한 성찬이 차려지고 안주 기생들의 노랫가락이 흥겨웠다. 어느 순간 아내의 생일 성찬이 떠오르며 그날의 왁자한 웃음소리가 귓전에 맴돌았다. 음식과 술로 흥겹던 가족 모임이 떠오르니 외로움은 곱절로 더해갔다. 날이 저물 무렵 친척들이 생일선물로 붉은 찬합을 검은 보자기에 싸서 가지고 오면 딸은 좋아라고 펄쩍펄쩍 뛰었다. 찬합을 열자 시장 골목에서 사온 수면과 충청도 농장에서 보내온 햇감이 쏟아져나왔다. 심노숭에게는 특별히 술병 하나에 안주로 자줏빛 게를 내왔다.

심노숭이 가족들과 쑥국을 해 먹던 이른바 자애회煮艾會 사연도 가슴 뭉클하다. 다음은 장편시 「동원東園」[10]의 한 대목이다.

어머니는 지켜보다 많다 적다 가려주시고
쑥 뜯는 사람 따라 딸아이는 광주리 들고 갔네.
잠깐 사이에 국이 끓고 밥은 뜸이 들어
북쪽 시장에선 장을 사고 서쪽 시장에선 기름을 사왔네.
문 앞에서 행상은 청어를 파는데
비늘이 낭자하여 제철 음식 갖춰졌네.
내가 또 그걸 보고 술상도 보라 하자
그대는 패물 풀어 계집종에게 술 받아 오라 시켰지.
도란도란 얘기하며 기다림에 지루하니
골목 어귀 신가 주모가 술을 새로 걸렀다네.
밥상에 둘러앉자 웃음소리 왁자하고
나도 시 한 수 읊조리니 온갖 시름 달아났네.

심노숭은 쑥 음식을 대단히 즐겼다. 그의 아내는 봄만 되면 그를 위해 쑥국을 해주었다. 아내가 죽고 나서 제수씨가 예전처럼 쑥국을 밥상에 올리자, 연한 쑥잎이 목구멍으로 넘어가면서 화사하고 따뜻했던 아내와의 봄날로 기억이 옮겨갔다.[11]

인용한 대목은 쑥을 뜯어 온 가족이 쑥 음식을 먹을 생각에 흥분과 만족감에 휩싸여 소란스럽던 날을 회상한 장면이다. 아내는 죽으면서 심노숭에게 쑥이 새로 돋거든 자신을 기억해달라고 말했다. 유배지 기장에서 쑥국을 먹다가 아내를 떠올리는 순간 슬픔이 밀려와 맛을 느낄 수 없었다.

심노숭은 탐식가였다. 그렇다고 사치스러운 기름진 밥상만을 탐한 사람은 아니었다. 그는 사치나 고급스러움보다는 식탁의 고상함을 느끼고 싶어했다. 그가 문학과 인생을 평가하는 심미적 판단 기준은 정취情趣, 또는 취趣라는 글자로 집약되는데, 음식 풍미 역시 정취의 범주에 속한다. 눈 오는 날의 정취를 인상 깊게 서술한 다음 글을 보자.

집을 에워싼 삼나무와 소나무는 한결 파래졌고, 부엌 아궁이에서는 마들가리가 붉게 탄다. 방안은 먼지 하나 없이 깨끗하고 눈꼽재기창에는 햇볕이 환하다. 다락방 매화는 아침 되자 활짝 피어 아름답다. 마른 고사리를 비단처럼 푹 익혀 삶고, 곱게 대낀 멥쌀로 지은 밥에 부드러운 김치를 얹어 먹는다. 식사를 마치고 책을 읽는데 창밖에서 나막신 소리가 들려

오니 틀림없이 느티골 노인이 왔을 게다. 그와 함께 공릉 장
터의 물고깃값과 고깃값을 이야기하다보니 구미가 당겨 말을
꺼내지 않는 게 나을 뻔했다. 이는 모두 눈이 정취를 돕고 흥
을 일으킨 덕분이다.[12]

종로 술 시 장 떡 시 장

　심노숭의 미식 경력을 찬찬히 들여다보면 특별한 사실에 눈길
이 간다. 그는 유난히 시장에서 먹거리를 사다가 먹었다. 바로 앞에
서 인용한 시 「동원」에 따르면 한양 북쪽 시장에서 장을 사고, 서쪽
시장에서는 기름을 사왔다. 또 지나가는 생선장수에게서 청어를
샀고, 골목 어귀 신가 주모에게서 술을 사왔다. 생일 때마다 먹는
수면은 골목 시장에서 사고, 미나리는 배오개 시장에서 사왔다. 침
교의 돼지국밥과 광통교 여군칠이집의 개장국은 서울에서 가장 맛
이 좋아 사서 먹었다. 평양의 오수집 돼지국밥과 이름을 밝히지 않
은 냉면집은 그가 먹은 음식 가운데 맛이 제일 좋았다.
　시장에서는 음식 재료뿐 아니라 조리 음식도 팔았다. 까다로운
식성을 가진 심노숭의 밥상에는 상품으로 만들어진 음식도 자주
올랐다. 서울에는 이미 음식점이 적지 않았고 명성을 널리 알린 맛
집도 제법 많았다. 돈을 지불하고 음식점에서 음식을 사 먹는 문화
가 폭넓게 퍼져 있었다.
　그 가운데 군칠의 음식점은 광통교에서 국밥과 고기산적 따위

의 음식과 술을 팔아 날마다 300냥에서 400냥 정도의 돈꿰미를 벌었다. 당시로 보면 한양 최고의 기업형 가게였다.[13] 서울이나 평양 같은 대도회지에는 주인의 성씨나 음식점이 있는 지역명으로 불리는 유명한 맛집이 있었다. 도시민은 상품화한 음식을 구매해 먹었다. 당시 서울에 널리 퍼져 있던 남주북병南酒北餅, 즉 서울 남부 지역은 술이 맛있고, 서울 북부 지역은 떡이 맛있다는 말도 상품으로 매매된 술과 떡의 가치를 두고 내린 평가였다. 술 시장과 떡 시장이 종로를 경계로 분리되어 발달한 것이다. 서울의 음식 시장은 상당한 수준으로 발달해 식도락을 즐길 수 있을 만큼 음식 가게가 곳곳에서 고객을 기다리고 있었다. 시장경제의 물결을 타고 음식이 상품으로 거래됐고, 그 음식은 서울 스타일 미식으로 정착해갔다.

18세기에 돈을 주고 음식을 사 먹는 먹거리 시장이 형성됐다는 증거는 여럿 있다. 심노숭의 절친한 친구 중에는 경화세족 명문가 출신이 많았다. 그중에는 "부잣집은 하루에 식비로 1000전을 쓰므로 기린을 삶아 죽을 끓이고 용을 썰어 젓을 담가서 천태만상의 기교를 부린 음식을 식탁에 벌여놓는다"[14]고 할 만한 이들이 적지 않았다. 세도정치가 풍고楓皐 김조순도 그중 하나로, 역시 미식을 즐겼다. 김조순의 「밥을 먹고 붓 가는 대로 쓰다飯罷信筆」[15]에는 이런 내용이 나온다.

우리 집안 제육볶음과 꿩국은
신씨 집 두부 요리에 못 미치고

작자 미상, 〈태평성시도〉, 국립중앙박물관 소장.
이 그림은 3폭과 4폭에 걸쳐 있는 장면 일부로 식료품과 국밥집, 곡물 가게 등을 묘사하고 있다. 왼쪽은 푸줏간인 현방懸房으로 붉은색 소고기를 걸어놓고 고기를 썰어 판매하고 있다. 현방 양쪽 기둥에는 각각 "저울질은 절로 중용에 들어맞고權衡自合中庸"와 "칼질하며 고기의 경중을 잘도 아네宰割能知輕重"라는 주련을 써 붙여 가게를 홍보하고 있다. 중간에는 국밥집이 자리해 사람들이 국밥을 사 가고 그 앞 평상에서는 국밥을 먹고 있다. 오른쪽에는 각종 곡물을 파는 곡물상이 있다.

박씨 집 만두와 고기완자는

한씨 집 장독대 갓김치만 못하네.

국왕에 버금가는 권력을 누리는 세도가가 제육볶음과 꿩고깃국
을 먹으면서 신씨와 박씨, 한씨의 음식과 비교했다. 비교 대상이 된
이들은 일반 가정이나 명문가 사람들이 아니라 당시 서울에서 유
명한 음식점을 운영한 주인들이었다.

음식 담론은 자칫하면 사치나 감각적 쾌락으로 흐를 위험성이
있고, 전통사회는 그 위험성과 저급을 경고해왔다. 그러나 심노숭
은 맛있는 음식을 즐겼고 이를 드러내는 데 과감했다. 그는 욕망을
억누르지 않고 채우고 표현하는 새로운 문화 세대의 첨병이었다.

명품과 사치

◆

17세기 동아시아 여러 나라를 뒤흔든 전란이 종결된 이후 19세기 중반까지 국제 정세는 안정된 상태를 이어갔다. 이에 청나라, 일본과 국제무역이 활발해졌고, 국내 경제 역시 성장의 혜택을 누렸다. 전국적으로 장시場市가 발달해 해상과 육상에서 유통이 활발해졌다.[1] 각 지방 거점도시에 인구가 집중되었고 교통 요지인 포구에는 창고가 생기고 객주客主가 성행했다. 도회지는 상업과 문화의 중심이 되어 활력이 넘쳤다.

18세기 들어 서울은 경제 발전, 인구 증가, 정치와 사회의 안정, 새로운 물질문화의 유입으로 번화한 도시 분위기를 띠었다. 서울은 성리학 이념이 이끄는 왕도王都에서 경제적 이해관계를 중시하는 상업도시로 점차 성격이 바뀌었다.[2] 도시 인구 구성에서 상업에 종사하는 주민이 절대 다수를 차지했다. 상업이 번성하면서 나라 간, 지역 간 유통이 원활해지고 새로운 상품이 시장에 나오는 속도도 빨라지면서 도회지 주민의 소비 욕구를 자극했다. 서울은 시장경제 체제를 빠르게 흡수했다.

서울과 개성, 전주, 원산, 강경 같은 큰 도시에는 각지에서 상인이 몰려들어 온갖 물산이 유통되었다.[3] 서울에는 종로의 전통적 시전 상가를 중심으로 배오개와 칠패, 소의문 밖에 큰 시장이 들어섰다. 전국에서 유명세를 탄 각 지역 특산품이 주요 도시로 수송되어 인기리에 판매되었고, 외국산 명품이 서울 시장에서 활발하게 유통되었다. 청나라에 여러 차례 다녀온 역관 김세희金世禧는 종로 시장에서 외국산과 국내산 물건이 팔리는 모습을 인상적으로 표현했다.

> 새벽종이 열두 번 울리면 점포의 자물쇠 여는 소리가 일제히 들린다. 장사하는 남녀가 짐을 등에 지거나 머리에 이고 지팡이를 두드리며 사방에서 요란하게 몰려든다. 좋은 자리를 다투어 가게를 열고 각자 물건을 펼쳐놓는다. 천하의 온갖 장인이 만든 제품과 온 세상의 산과 강에서 나는 산물이 모두 모인다. 불러서 사려는 소리, 다투어 팔려는 소리, 값을 흥정하는 소리, 동전을 세는 소리, 부르고 답하고 웃고 욕하고 시끌벅적한 소리는 마치 태풍과 파도가 몰아치는 것 같다. 어느덧 저녁 종이 울리면 그제야 거리가 조용해진다. 종로의 제품

은 몇 가지 등급이 있다. 중국 상품은 모두 당唐 자를 붙이는
데 정교하면서도 치밀하고 담박하면서도 화려하며, 우아하면
서도 약하지 않고 교묘하면서도 법도가 있다. 이 때문에 가장
뛰어난 상품으로 친다. 일본 상품은 정치하고 세밀하며 교묘
하고 화려하여 그다음이다. 우리나라 제품은 대개 조악하여
정교하지 못하다. 중국 상품을 모방한 것도 있으나 진짜와 다
르므로 등급이 가장 낮다. (…) 그러나 상품이 좋지 못한들 무
슨 문제가 되랴? 종로의 상품과 산물은 나날이 가격이 폭등하
여 몇 배가 되는 지경에 이르렀다. 무슨 이유로 그런 것일까?[4]

김세희는 전국에서 제일 규모가 큰 종로 시장에 상인과 고객이
몰리고 상품이 거래되는 광경을 묘사하고서 중국산과 일본산이
고급품인 반면 국내산이 저급품임을 밝히고 상품값이 날로 폭등
하는 현황을 기록했다. 대략 영조 말엽에서 정조 중반에 이르는 시
기의 상황으로 종로 시장의 분위기가 어떠한지 알려주고 있다. 이
글이 증명하듯 서울 종로를 비롯해 개성, 평양, 의주, 동래같이 외
국무역 거점도시의 시장에서는 외국 물건이 활발하게 유통되고 있
었다. 서양산 물건 역시 품목이 다양하지는 않아도 시장에 나와 있
었다.
종로 시장에서 팔리는 수입 물건은 국내산 물건보다 기술과 장
식이 우수하고 가격도 비쌌다. 흔해빠진 단순한 상품이 아니라 도
회지 부유층의 문화적 욕구와 허영심을 채워주는 세련되고 고급스

러운 소비재였다. 다만 상품의 품질에 대한 평가는 김세희의 주관
이 개입되어 전적으로 동의하기 어렵다. 그도 수입산 명품에 빠져
있었을지 모른다.

서울로 집중되는 상품

국내산 명품 역시 서울 시장으로 쏟아져 들어와 시장을 가득 채
웠다. 18세기에는 부유층의 소비 욕구를 자극하는 각 지역의 명산
품 목록을 담은 물산기物産記가 다수 제작됐다. 그 목록은 서울 상류
층 소비자가 전국 상품의 상품성과 평판을 정리해 만든 것이었다.

간단한 사례로 신후담愼後聃의 「물산기」를 꼽을 수 있다. 이 글에
서 수원의 감과 약과, 왕십리 미나리, 살곶이의 무, 용인의 오이지,
양지의 수란탕, 충주 배, 회양 잣, 전주 양정포 생강, 나주 영산포
박돌, 밀양 배, 삼척 오디, 평해 대게, 우봉 수박, 중화의 숭어, 갑산
의 두죽 등 18세기 초반에 유명했던 특산품을 열거했다.

서울에는 전국에서 가장 규모가 큰 시장이 있었고, 구매력 좋은
소비자가 많았다. 자연히 국내외 명품이 많이 몰려들었다. 서울은
어떤 물품이든 쉽게 접할 수 있는 조건을 갖추고 있었다. 서유구는
이런 서울 상류층이 소비하고자 하는 상품의 목록을 체계적으로
설명해놓았다. 백과사전 『임원경제지』의 「예규지倪圭志」에서는 전
국에서 생산되는 상품을 목록화했고, 「이운지怡雲志」에서는 외국에
서 수입한 세련된 고급 물품의 목록을 적어 품질과 용도를 상세하

게 설명했다. 특히 후자에서는 주 수입국 중국을 비롯해 일본에서 수입한 각종 문화 상품 정보를 수록했다.

문화 상품으로 몇 가지 사례를 들면, 풍경風聲은 일본에서 제작한 오색 유리로 만든 상품을 추천했고,[5] 서재에서 비스듬히 기대어 책을 읽는 책상인 의안欹案과 문구갑文具匣 역시 일본제를 추천했다.[6] 여행의 방법과 용품을 다방면에 걸쳐 설명한 「이운지」의 '명승유연名勝遊衍'에서는 등산용품을 상세하게 소개했다. 조선과 중국, 일본에서 사용하던 등산용 지팡이를 비롯해 수레와 가마, 등산화, 약상자, 등산하며 시를 짓고 술과 차를 마시는 데 필요한 각종 도구, 찬합이 눈길을 끈다. 등산용 도시락인 찬합은 중국제와 일본제를 추천하되 특히 황금빛으로 옻칠한 일본제를 추천했다.[7] 여행을 취미로 즐기던 부유층이 사용함 직한 고급스럽고 세련된 상품이었다.

국내산 명품도 아낌없이 소개했다. 그가 소개한 명품은 대부분 서울 시장에서 유통되는 상품이었다. 서유구 역시 종로 시장에서 상품을 구입했다. 그는 대대로 서울에 거주한 경화세족의 일원으로 상류층다운 소비생활을 했다. 선악의 잣대로 소비를 판단하지 않았고, 절약에 대한 강박증이 없었다. 품질을 문제삼을 뿐 외국산이든 국내산이든 얼마든지 써도 좋다는 태도를 보였다.

명품 소비와 사치

물질적 풍요와 사치 풍속은 보수적 유학자의 반발을 샀다. 18세기 말엽 수원에 거주한 우하영禹夏永은 사치 현상을 체계적이고 논리적으로 비판하는 저술을 지었다. 그는 국왕에게 이 책을 바쳤고, 정조로부터 후한 평가를 받았다. 우하영은 1796년에 저술한『천일록千一錄』에서 18세기 조선, 특히 서울에 만연한 사치 풍속을 분석했다. 온돌의 대량 보급과 땔감과 의복에 지출이 과한 점, 식료품과 밥상과 그릇의 사치, 과중한 혼인 비용 등을 조목조목 사례로 들었다. 사대부가 양반·여항 서민이 부유한 왕가에 버금가는 호사를 부리는 실태를 포착했고, 의식주 생활에서 신분과 상하의 차별이 사라졌다고 진단했다. 혼인 비용이 만만찮아 혼수를 마련할 재력이 없는 남녀가 혼인하지 못하는 지경에 이른 사례를 부작용의 하나로 제시하기도 했다.[8]

우하영은 또 1740~1750년대와 1790년대의 상품 가격을 비교해 사치 풍속이 심각해지고 있음을 입증했다. 고급 신발인 당혜唐鞋의 가격이 수십 년 전에 100문文 정도였고 특제품이라도 140~150문에 불과했는데, 당시 최상품은 340~350문에 이른다고 했다. 그만큼 고급품 수요가 있다는 증거였다. 우하영은 동일한 상품이 몇십 년 사이에 가격이 급등한 현상을 비판적 시각에서 진단하고, 서울이 이런 실정이니 향촌에서 잘못된 풍속을 따라 행한다고 우려를 표했다.

우하영은 사치를 숭상하는 부류가 낭비에 드는 재물을 아끼지 않고 오로지 사치와 화려함에서 남을 이기려 하므로 갈수록 물가가 급등하여 이러한 풍속을 형성하였다"고 했다.[9] 보수적 유생의 관점에서 진단한 실태다. 그렇다고 그 비판에 동조해 사람들이 소비를 줄이지는 않았다. 소비 행태에 신분과 지위에 따른 차별은 존재하지 않았다. 소비는 돈으로 결정되었지 신분이나 직업으로 결정되지 않았다. 경제력만 있으면 모든 것이 가능한 세상이었다. 보수적인 유생에게는 눈 뜨고 못 볼 세상이었으나 그것이 현실이었다.

소비를 즐기는 문화 주체는 싸구려 감각과는 차별화된 물건을 소유하거나 사용함으로써 쾌감을 느끼고, 거기에 시간과 금전을 투여해 정신적 보상을 받고자 한다. 이들이 즐기는 낯선 취향은 점차 그들을 모방하는 집단으로 확산하는 과정을 밟는다.

명품을 소비하는 시민

18세기 이후 서울에는 평범한 물품과 차별되는 상품이 어디에서 만들어졌고 누가 만들었는지를 따지며 소비하고 소유하는 양상이 두드러졌다. 문화를 향유하는 주체는 품질 좋은 물건이 자신의 독특한 개성에 따른 까다로운 기호를 충족하면 큰돈도 아낌없이 내놓았다. 다시 말해, 물건의 실용성만 따지지 않고 예술성과 기호성에도 가치를 부여했다. 검서관을 지낸 유본학柳本學은 이런 말을 했다.

무릇 즐기고 좋아하며 입고 쓰는 물건이 특정 산지에서 나오
고 특정 기술자가 제작하여 품질이 특이하고 모양이 좋다면,
세상 사람들은 반드시 갖은 노력을 기울여 얻으려 하고 깊이
감추어두고 보관하려 든다.[10]

시민은 값비싼 희귀한 명품에 지갑을 활짝 열 준비가 되어 있었
다. 유본학은 도회지의 소비 양상이 흘러가는 변화상을 명료하게
포착했다.

이학규李學逵가 정조 집권 후반기 서울 부유층의 호사스러운
저택 장식을 묘사한 시에는 당시 소비 양상이 잘 나타나 있다.

귀갑무늬 반들반들 붉게 옻칠한 난간
완자창엔 푸른 비단 발라놓았네.
바람이 불면 유리 풍경 추녀 끝에서 울리고
박달나무 측백나무는 눈 속 병풍일세.
높은 담에는 온통 꽃무늬를 아로새겼고
깊은 방에는 둥근 미닫이문 설치했다네.
정말 예뻐라, 오색 빛깔 금붕어는
천장의 어항 속에서 헤엄을 치네.

이 시의 지은이는 구절마다 세세한 주를 달아 무엇을 묘사하는
지 설명을 덧붙였다. 난간은 귀갑무늬로 옻칠하여 붉은색을 띠게

했고, 창은 완자창으로 만들되 창호지가 아닌 얇은 비단을 발랐다. 지붕 처마의 추녀 끝에는 일본산 오색 유리 풍경을 달았다. 앞서 「이운지」에서 소개한 일본산 오색 유리 풍경 바로 그 물건이었다. 뜰에는 박달나무와 측백나무가 눈 속에서 병풍처럼 서 있다. 높다 란 담에는 꽃 모양을 아로새긴 꽃담을 만들었고, 깊은 방안에는 만 월형 미닫이문을 설치했는데 대개는 유리문이었다. 마지막으로 천 장의 유리 어항에 북경에서 수입한 오색 빛깔 붕어를 기르는데, 한 마리에 10냥이란 엄청난 돈을 주고 사왔다. 간혹 천장의 유리 소란 반자 속에 물고기를 길러 올려다보기도 했다.[11] 이처럼 서울 부유 층이 화려하게 치장한 저택에는 이국정취가 상당히 깊게 스며 있 었다.

즐길 줄 아는 인생이 어때서

조선에서는 소비, 특히 사치스러운 소비는 도덕적으로 나쁘고, 절약은 도덕적으로 선하다는 인식이 팽배했다. 박제가를 제외하고 는 소비의 긍정적 측면을 이해한 사대부가 거의 없었다. 다만 유본 학이나 서유구는 부유층의 소비 실태를 증언하거나 어떤 물건이 좋다 나쁘다 밝혔을 뿐 좋은 상품을 구매해 소비하는 행위에 도덕 적 잣대를 들이대지는 않았다.

조선 후기 상류층은 소비를 문화인이 누려야 할 정당한 행위로 보기 시작했다. 명청 소품서小品書에 기록된 명청明清 사대부의 소비

문화가 조선 상류층에 퍼져나갔다. 정조는 외국에서 수입된 문화와 상품의 폐단을 지적했다.

> 중국을 배우는 사람은 세 가지 부류가 있다. 명청의 소품서나 특이한 서적을 많이 소장한 자가 있고, 오로지 서양의 역법이나 수학을 숭상하는 자가 있으며, 연경燕京 시장에서 수입한 옷가지나 장신구, 그릇 등을 즐겨 사용하는 자가 있다. 그 폐단은 똑같다.[12]

중국에서 들여온 소품서와 과학 지식이 지식인의 의식을 사로잡고, 신상 의복과 장식품, 그릇 따위의 상품이 부유층의 취향을 만족시킨 현상을 우려한 글이다. 실상 정조 자신이 이 유형의 소비를 즐긴 인물이었다. 다만 그는 국정을 책임진 국왕의 처지라 이렇게 비판적 거리를 유지하지 않을 수 없었다.

소품서는 중국 강남 지역의 부유층이 어떤 물질문화를 소비하는지 생생하게 소개했다. 대표적 저작으로 고렴高濂의 『준생팔전遵生八箋』과 문진형文震亨의 『장물지長物志』, 도륭屠隆의 『고반여사考槃餘事』를 꼽을 수 있다. 『준생팔전』은 도가의 섭생을 목표로 여덟 가지 주제를 서술하고 있으나 실제 내용은 도가적 삶을 넘어 사치스러운 생활을 묘사했다. 그 가운데 「기거안락전起居安樂箋」은 주거 공간과 실내 장식을, 「음찬복식전飲饌服食箋」은 차를 비롯한 다양한 음식문화를, 「연한청상전燕閑淸賞箋」은 서화골동과 금기서화를 비롯해 화훼 재배와 같은 취미생활을 묘사했다. 『장물지』는 주거 공간, 화훼, 수석, 새와 물고기, 서화, 실내 장식, 의상과 탈것, 향과 차를 소개했고, 『고반여사』는 서화, 문구, 악기, 향과 차, 분재, 정자, 의상 등 다양한 취향을 소개했다.[13]

명나라 후기 소품서는 상품과 취향을 즐기는 방향성과 미의식을 제시했다. 문인 원굉도袁宏道는 그 점을 인상적으로 보여주었다.

> 내뱉는 말이 무미건조하고 면상이 가증스러운 세상 사람은 모두가 벽癖이 없는 사람이다. 진정으로 벽을 가지고 있다면, 그 속에 푹 빠져 즐기느라 운명과 생사도 모조리 좋아하는 취미에 맡길 터이므로 수전노나 관리 노릇에 관심이 미칠 겨를이 있을까 싶다.[14]

원굉도가 한 말은 취미생활을 긍정하는 유명한 문장이다. 원굉도는 정치권력 행사와 경제적 윤택함의 추구마저 뒤로 물리면서 취미를 즐기는 생활을 앞세웠다. 그럼으로써 사대부의 인생 목표에서 권력과 재력, 학문보다 더 중시할 만한 목표를 새로 제시했다. 멋진 취향으로 가득한 삶이 그들 앞에 있었다.

원굉도가 말하는 쾌락은 여행과 화훼 감상, 음주의 멋에서 나오는 즐거움에 방점을 둔다. 실제로 그는 여행 체험을 세련된 감각으로 묘사한 많은 여행기를 지었고, 꽃꽂이에 관한 저작 『병사甁史』와 음주의 멋을 다채로운 시각으로 서술한 『상정觴政』을 통해 쾌락을

세부적으로 파고들었다. 생활의 미의식이 어디에 있는지 안내하는
저작이었다.

소품문은 정치와 교육, 경제, 도덕 같은 거대 담론에 매몰된 생
활에서 벗어나 취미도 즐길 줄 아는 매력적인 인생을 살라고 유혹
했다. 그 점에서 취미생활을 장려하는 글이다.

소비의 품격

유만주兪晩柱는 품격을 지키며 고상하게 살아가는 인생을 지향
하는 글을 많이 지었다. 다음 글에는 그의 인생관이 잘 나타나 있다.

> 구부러진 의자에 편안하게 앉아 있는 것, 반듯한 평상에서 잠
> 을 자는 것, 담황색 발을 쳐서 밖에서 들어오는 먼지를 차단
> 하는 것, 푸른 휘장을 쳐서 창문을 아늑하게 만드는 것, 예스
> 러운 솥에 향을 사르는 것, 유리 등잔에 촛불을 켜 어둠을 몰
> 아내는 것, 비단 병풍으로 벽을 가리는 것, 수놓은 주머니에
> 약을 넣어두는 것, 시간을 알리는 종으로 때를 아는 것, 호숫
> 가 바위에서 시원한 바람을 쐬는 것, 화분에 심은 꽃에서 사
> 물의 이치를 탐색하는 것, 서화를 품평하는 것. 이는 호수와
> 산에서 사는 열두 가지 생활 방식이다. 오늘날 사람들은 우리
> 나라 사람의 안목으로 이런 생활을 보기 때문에 사치스럽다
> 고 여기거나 심하게는 사악한 짓이라고 배척한다. 그러나 옛

날 이름 있는 선비나 고아한 분 가운데 이런 생활로 성령性靈

을 도야한 사람이 많은 줄은 전혀 모른다.[15]

유만주가 제시한 열두 가지 행위는 세련된 문화 감각을 지니고 여유를 즐기며 사는 생활이다. 조선시대 평범한 사람의 눈으로 보면 이런 생활은 사치스럽다고 비난받을 만큼 고급스럽고 특별하다. 유만주는 남들의 비난을 의식했는지 그 생활을 옹호하고 나섰다.[16]

심노숭 역시 도회민의 생활을 옹호하고 그런 생활을 즐기려면 경제력을 먼저 갖춰야 한다고 했다.

연못과 누정, 화단과 정원, 이름난 꽃과 아름다운 나무는 사람

의 심성을 길러준다. 그러니 이 취향을 완물상지玩物喪志라 하

면 옳지 않다. 젊었을 때 이 취향에 뜻을 두었고 나이가 들어

더 심해졌으나 제대로 즐기지 못했으니 재물이 없어서다.[17]

심노숭은 정원을 가꾸는 사치에 경계심을 허물고 있다. 정원 가꾸기는 나라와 집안을 망치는 사치의 전형으로 완물상지론의 주된 공격 대상이었다. 그러나 심노숭은 사치해도 좋다는 태도를 보였다.

유만주는 문방 도구를 일반 사치품과 구별해 고상한 취미의 대상으로 격을 높여 당당하게 사치해도 좋다고 했다.

저택에 사치를 부리면 귀신이 엿보고, 먹고 마시는 데 사치를
부리면 신체에 해를 끼치며, 그릇이나 의복에 사치를 부리면
고아한 품위를 망가뜨린다. 오로지 문방 도구에 사치를 부리
는 것만은 호사를 부리면 부릴수록 고아하다. 귀신도 너그러
이 눈감아줄 일이요 신체도 편안하고 깨끗하다.[18]

  부유한 상류층이 남을 의식하지 않고 소비할 수 있는 명품이 바
로 문방 도구와 서화골동이었다. 그들의 소비 욕구를 충족하는 기
준은 아雅와 취趣로, 속俗과 몰취미와는 구별되었다. 화가는 그림
에 상류층의 소비 욕구를 반영했다. 김홍도의 〈포의풍류도布衣風流
圖〉와 심사정의 〈선유도船遊圖〉에서 18세기 상류층의 욕구를 엿볼
수 있다.[19]
  〈포의풍류도〉에서 방안에 놓인 당비파와 생황은 새롭게 주목받
은 악기로, 이를 소유하고 연주하는 것 자체가 최고로 세련된 생활
이었다. 설령 악기를 잘 연주하지 못해도 악기 소장을 멋으로 여겼
다.[20] 〈선유도〉에서는 뱃놀이할 때 굳이 괴석과 화분을 실은 모습을
묘사해 이 물품들이 상류층에 널리 퍼진 문화상품임을 표현했다.

취미의 발견

도회지의 성장은 익명성을 보장하고 개인주의를 낳았다. 시민은 취미나 취향을 즐기는 생활에 눈뜨기 시작했다. 이덕무가 편찬한 『사소절士小節』은 도회민이 지켜야 할 일상 에티켓을 제시한 책으로, 18세기 중후반 중류층과 상류층의 생활을 생생하고 흥미롭게 보여준다. 이덕무는 "산수와 화조花鳥, 서화를 비롯한 갖가지 완상품玩賞品은 고아한 취향이라는 점에서 주색잡기나 재물 욕심보다 낫다. 그러나 그 취미에 도취되어 정신을 잃고 본업을 망치거나 심지어 물건을 빼앗거나 남에게 빼앗기는 지경에 이른다면, 그 해독은 주색잡기나 재물 욕심보다 더 크다"[1]고 지적했다.

취미를 즐기는 세대

좋아하는 취미를 과감하게 즐기는 행위를 벽癖, 고질병, 광狂, 미치광이, 나懶, 게으름, 치痴, 바보, 오傲, 오만함 같은 개념으로 설명했다.[2] 이들은 취미가 사대부 본연의 임무를 방해한다고 보기는커녕 취미를 즐기는 마음가짐이 없으면 본연의 임무조차 잘해내지 못한다고 보았다. 이러한 시각을 선명하게 제시한 학자가 바로 초정楚亭 박제가였다. 박제가는 화훼만을 전문적으로 그리는 화가를 일컬어 다음과 같이 말했다.

> 사람이 벽이 없으면 그 사람은 버림받은 자이다. 벽이란 글자
> 는 질병과 치우침으로 구성되어 편벽된 병을 앓는다는 의미
> 가 된다. 벽이 편벽된 병을 의미하지만 고독하게 새로운 것을
> 개척하고 전문적 기예를 익히는 자는 오직 벽을 가진 사람만
> 이 가능하다.[3]

여기서 박제가는 편벽된 병이 없는 자가 버림받은 자라는 충격적인 발언을 한다. 정조의 부마인 해거도위海居都尉 홍현주洪顯周도 비슷한 취지의 발언을 했다. 장황裝潢 전문가 방효량方孝良을 옹호하며 "벽이란 것은 병이다. 어떤 사물이든지 좋아하는 사람이 있게 마련인데 좋아하는 정도가 심해지면 즐긴다고 한다. 어떤 사물이든지 즐기는 사람이 있게 마련인데 즐기는 정도가 심해지면 벽이라고 한다"[4] 했다.

이제는 자기만의 취미활동을 가져야 훌륭하고 멋지게 사는 인생으로 여겼다. 취미가 없는 자는 생기 없는 밥 보따리와 때 주머니에 비유되고 심지어 천하를 망치는 인간, 버림받은 사람으로 손가락질당했다. 취미는 속물이 판치는 세상에서 개인의 독특한 개성을 드러내 존재감과 자존감을 확인하는 활동으로 그 가치를 인정받았다.

여가생활과 취미

18세기 서울과 그 주변 지역에서는 취미를 즐길 경제력과 문화적 소양을 갖춘 인구가 늘어났다. 그런 도회민의 생활과 사유를 반영한 저술이 바로 서유구의 『임원경제지』다. 16개 분야로 나뉜 이 방대한 저술에는 여가생활과 문화생활을 전문적으로 다룬 「유예지遊藝志」와 「이운지」가 포함돼 있다. 서울 중상류층이 관심을 둔 문화와 취미의 다양한 세계를 정리했다. 서유구가 취미를 바라보는 관점은 각종 화훼를 설명한 「예원지藝畹志」 서문에서 가늠해볼 수 있다.

인간은 살아가기 위해 다섯 가지 감각기관을 사용한다. 그런데 감각기관은 독자적으로 움직일 수 없고 반드시 천연 물자로부터 영양을 공급받아야 하니, 그 덕분에 삶을 풍요롭게 영위한다. 곡식과 생선, 육류와 채소 같은 천연 물자에는 입을 채우는 온갖 물질이 갖추어져 있다. 귀와 눈과 코라고 영양을 공급할 물질이 없겠는가? 인간은 지혜롭고 재주가 있어서 새나 짐승과 구별된다. 새와 짐승은 입과 배를 채우는 데만 급급해 다른 활동에 관심을 둘 겨를이 없다. 오직 인간만이 생명을 유지하고서도 따로 구경하고 즐길 거리를 찾는다. 또 그와 관련된 사물이 생명을 보존하는 사물보다 더 많다. 심지어 그로 인해 패가망신하는 지경에 이르러도 그만두지 못한다.[5]

서유구는 취미생활의 대상을 「이운지」에 충실하게 기록해두었다. 정원, 별서別墅, 가구, 차와 향, 악기와 검, 꽃과 돌, 새와 짐승, 물고기, 문방구, 인장, 서재 도구, 골동품, 옥기, 도자기, 법첩法帖, 그림 등의 순으로 상세하게 분류해 설명했다.

상류층의 취미활동

무명화가가 고급 저택 정경을 묘사한 기메박물관 소장 〈풍속도병〉은 상류층의 취미활동을 잘 보여준다. 이 공간은 후원으로 추정된다. 형형색색의 국화 분재를 배치했고, 여러 종류의 꽃과 애완용 비둘기 몇 마리를 키우고 있다. 괴석을 화분에 담아 담장 가에 놓아두었고, 괴석 뒤 평상에는 거문고가 가로놓여 있다. 또 가요문哥窯文 도자기에는 술이 담겨 있다. 모든 물건은 취미생활과 밀접한 관련이 있다. 저택 주인이 18세기 서울에서 크게 유행한 값비싼 물

〈풍속도병〉, 프랑스 기메박물관 소장.
조선시대 18세기 말에서 19세기 전기에 제작된 그림으로 작자는
미상이다. 8폭의 낱장 그림 가운데 한 폭으로 대저택 후원에서 종
정도 놀이나 남승도 놀이 하는 상류층 사람의 생활을 그렸다.

건을 과시하는 모습에서 당시 문화적 동향과 도회민의 세련된 취향이 엿보인다.

우선 눈에 잘 띄지 않게 괴석 뒤 평상에 올려진 금琴을 보자. 이 시기에는 금이나 생황 같은 악기를 다루고 연주하는 것이 고급 취미로, 작은 규모의 실내악단을 불러 친구와 함께 감상했다. 다루는 악기도 이전 시기처럼 거문고 일색이 아니라 가야금, 양금, 생황, 해금, 퉁소 등으로 다양해졌다. 박제가를 비롯해 그와 함께 어울린 김용겸金用謙, 홍대용, 박지원, 이덕무, 유득공, 이서구 등은 연주 실력이 거의 전문가급이었다. 홍대용은 양금을 조선에 들여오는 데 큰 역할을 하기도 했다.[6]

이학규가 "음악에 손방인 사람조차도 생황과 양금을 다 소장하고 있다"[7]고 밝혔듯이, 연주는 못 해도 악기는 소유하는 것이 상류층 문화였다. 유득공은 해금 연주를 배우려 노력했고, 김조순은 마흔아홉 살에 전문 악사로부터 거문고 연주를 배워보려고 시도했다. 서유구가 「유예지」 권6 「방중악보房中樂譜」에서 거문고 악보와 당금唐琴 악보 외에 양금 악보와 생황 악보를 기록해놓은 것도 상류층에 보급된 음악 취미와 깊은 관련이 있다.

다음으로 눈길을 끄는 장면은 찬합과 도자기 술병을 대령해놓고 장죽을 물고 있는 사람 사이로 놀이에 몰두한 사람들의 모습이다. 그들이 빠져 있는 놀이는 상영도觴詠圖 놀이나 종정도從政圖 놀이로 보인다. 그중 당시에는 고상한 취미활동인 시패詩牌 놀이나 종정도 놀이를 응용해 만든 상영도 놀이 또는 남승도覽勝圖 놀이가 유행했다.[8] 이것은 말판 위에 주요 명승지를 그려놓고 주사위를 던져 나오는 명승을 찾아가는 놀이로 현대의 부루마불 놀이와 유사하다. 다만 부루마불과 다르게 각지의 명승을 소재로 다양한 장르의 시와 산문을 쓰는 고급스러운 창작활동을 겸했다.[9] 서유구는 「이운지」에서 색다른 쾌감을 선사하는 놀이로 투호나 활쏘기와 함께 남승도 놀이를 제시했고, 자제들에게 실제로 즐겨보라고 권유하기도 했다.[10]

애완동물 기르기

애완동물 기르기도 유행했다. 고양이나 개, 학 같은 애완동물을 기르는 취미는 오래전부터 있었다. 숙종이 금손金孫이란 고양이를 사랑한 이야기는 유명하다.[11] 18세기에는 새로운 애완동물을 키우는 취미가 유행처럼 번졌다. 흰 생쥐가 쳇바퀴 돌리는 모습을 구경하거나 백능조百能鳥가 흉내내는 소리를 들었다.[12] 청나라에서 수입한 값비싼 희귀 애완동물은 이국적이고 과시적인 취미 대상이었다.

그 가운데 18세기 중후반 서울에서 비둘기 사육 취미가 크게 유행하며 사회문제로 떠올랐다.[13] 이것이 논란거리가 되자 유득공은 비둘기 사육을 다룬 책『발합경鵓鴿經』을 지어 관상용 비둘기 23종을 상세히 소개하기까지 했다. 〈풍속도병〉에도 정원에 있는 비둘기 모습이 나온다.

이덕무는 「이목구심서耳目口心書」에서 비둘기를 취미로 기르던 어떤 아이의 흥미로운 사연을 기록했다.

사랑해서는 안 될 사물을 사랑하여 사랑의 올바름을 얻지 못하는 자는 어리석다. 우리집 행랑채에 소년 하나가 살고 있었다. 그 소년은 비둘기 길들이기를 지나치게 좋아해, 언제나 말하는 주제가 비둘기를 벗어나지 않았다. 옷 입고 밥 먹는 일조차 잊고 지낼 정도였다. 하루는 어떤 개가 그의 비둘기 한 마리를 물어갔다. 소년이 쫓아가 비둘기를 뺏고는 어루만지고 눈물을 흘리면서 몹시 슬퍼하였다. 그렇게 하고 나서 비둘기 털을 뽑고 구워 먹었다. 여전히 서글퍼하기는 했으나 비둘기 고기는 아주 맛있게 먹었다. 이 소년은 인자한가 아니면 탐욕스러운가? 어리석은 자일 뿐이다.[14]

사대부 시인 윤기尹愭는 당시 유행한 취미 네 가지에 주목했다. 첫째가 매화 분재이고, 둘째가 취병翠屏, 셋째가 비둘기 사육, 넷째가 장서였다. 그중 비둘기 사육에 관해서는 다음과 같이 말했다.

고운 난간 높다란 시렁에 단청은 찬란하고
좁쌀 쏟아 비둘기 길러 즐길 거리 삼는구나.
소리는 꾹꾹, 성질은 음탕하니 취할 게 있나?
어진 마음 드러내는 병아리만 못한 것을.[15]

위 시는 부잣집 저택 추녀끝에 멋진 새장을 걸어두고 좁쌀을 먹여 애완용 비둘기를 키우는 생활을 묘사하면서 그러한 상류층의 문화를 냉소했다.

그러나 이렇게 성행한 비둘기 사육 취미는 한때의 현상에 그쳤다. 이규경은 "이는 영재泠齋 유득공이 젊은 시절에 비둘기를 기르던 서울의 저택에서 숭상하던 현상이다. 내가 어릴 때 여항의 풍속을 직접 본 적이 있었으나 지금은 전혀 볼 수 없으니 이상하다"[16]고 증언했다. 그리고 18세기 후반 성행하던 비둘기 사육 취미가 19세기 이후 완전히 시들해졌다고 했다.

비둘기 말고도 다양한 애완동물이 사육되었다. 그중 비교적 널리 유행한 취미가 연못과 어항에서 금붕어를 키우는 것이었다. 이미 숙종은 창덕궁 후원에서 금붕어를 키우기 위해 중국에서 수입하려는 시도를 했다. 이규경은 "근년에 연경에서 금어金魚와 화어花魚를 수입하는데 귀족 집에서 많이 기르고 있다. 씨를 퍼트리고 싶어 어떤 사람이 연못에 넣어두었더니 장마를 거치면서 물이 넘쳐 서울 청계천에 흘러들어가 그 물고기를 잡은 자가 있다고 한다"[17]고 보고했다.

금붕어 기르는 취미는 『임원경제지』 「이운지」에도 등장하고, 유리 어항에 금붕어를 길러 처마끝에 매달아놓는 방법이 새로운 기술로 소개되기도 했다.[18] 값비싼 금붕어를 어항에 넣어 기르고 감상하는 취미는 당시 부귀한 집에서 부린 극도의 사치 가운데 하나였다. 앞장에서 살펴본 것처럼, 금붕어 한 마리 가격이 10냥이란 엄청난 가격에 이르렀고, 천장에 유리 어항을 설치해 머리 위에서 금붕어가 헤엄치도록 하는 고난도 기술도 구현했다.

화훼 취미

화훼 취미는 18세기에 더욱 성행해 화훼업이 성장하고 기술이 발전했다. 유박柳璞 같은 전문 원예사가 출현했고, 국화 품종 개량 전문가 김노인이 등장했다. 화광花狂이라 자칭한 남희채南羲采 같은 화훼 전문가도 등장했다. 19세기에는 삼청동에 김경습金敬習과 김응석金應錫이 나타나 화쾌花儈, 곧 화훼 거간꾼이라 불리며 명성을 얻었다.[19] 남희채는 『중향국춘추衆香國春秋』에 18세기 후반과 19세기 전반에 화훼 취미가 도시에 얼마나 광범위하게 퍼져 있는가를 보여주는 기록을 남겼다.

> 우리나라의 경우에는 정승 판서와 귀인이 전지田地를 넓게 차지하고 다투어 원림과 누정을 치장한다. 경성 안팎과 경기도 동서 지역에 망천輞川 별장과 평천平泉 별장이 얼마나 많은지 모른다. 어느 고을 아무개 집에 어떤 꽃이 매우 기이하고 어떤 나무가 매우 아름답다는 말을 들으면, 돈을 아까워하지 않고 사들인다. 석류 화분 한 개, 매화 한 그루의 가격이 일백 금에서 수백 금까지 나가기도 하여 파는 사람은 앉아서 이익을 거둔다. 또 도성에서는 가난하여 먹고살 생계거리가 없는 백

성들이 땅을 사 동산과 채소밭을 만들고 화훼와 과일을 심어서 내다가 판다. 얻는 이익이 전야田野에서 농사짓는 이보다 곱절에서 몇 곱절에 이른다. 그렇다면 화훼가 백성의 생업에 크게 도움을 주지 않는가?[20]

서울 경기 지역에 부유층의 별서가 호화롭게 조성되면서 별서를 화려하게 꾸미는 조경에 관심이 증폭된 국면을 설명했다. 18세기에는 도성 안팎에 더이상 별서를 마련할 공간이 없어 별서가 외곽 지대로 확대되는 실정이었다.

이인상과 오찬吳瓚 등은 겨울밤에 얼음덩이를 잘라내 그 속에 촛불을 두고 매화를 감상했다. 이것이 빙등조빈연氷燈照賓宴이다. 그림자를 이용해 국화를 감상하는 국영법菊影法같이 흥미로운 감상법까지 등장했다. 화단에서 꽃을 키우지 않고 화분에서 재배해 감상하는 분경법盆景法과 꽃병에 꽂아놓고 완상하는 병화법瓶花法은 궁궐에서부터 민가에까지 널리 활용되었다. 조선 후기의 화훼 감상이 단순한 취미를 넘어 문화 트렌드로 정착된 실태를 보여준다. 19세기 중후반 시인 조면호는 서울에서 매화 감상 열기가 고조된 상황을 시로 읊었다.

세상에 매화 보는 풍속이 형성되어
열 집에 아홉 집이 매화 키우네.
아! 그들의 매화 감상법은

가지도 아니고 둥걸도 아니라.

화분에 꽂아 위치 좋은 곳에 두고

마음을 온통 꽃에만 기울이네.[21]

매화뿐만이 아니었다. 중국에서 능소화와 영산홍, 종려나무 등
새 품종을 들여와 재배하기도 했고, 개항 이후에는 상해에서 새로
운 화목 수십 종을 수입해 증기선으로 들여와 왕실에 납품하기도
했다. 수선화는 18세기 말엽부터 청나라에서 수입되어 사대부 사
이에서 큰 인기를 얻으며 일약 참신하고도 희귀한 완상용 화훼 품
목으로 등장했다. 사람들은 수선화 감상을 이국적인 취향으로 생
각했다. 제주도에 자생하는 수선화를 발견하면서 이 취미는 서울
에서 대거 유행했다.

수석 수집

괴석과 수석도 수집하고 감상했다. 괴석을 향유한 역사는 매우
오래되어 조선 전기에 강희안도 『양화소록養花小錄』에서 중요하게 다
뤘다. 하지만 돌에 대한 애호가 크게 유행한 시기는 18세기 이후다.

사대부의 취미로 새롭게 등장한 돌에 대한 사랑, 다시 말해 석벽
石癖으로 명성을 얻은 인물은 정말 많다. 박지원의 절친한 친구 이
희천李羲天은 수석 1만 개를 수집해 진열하고 만석루萬石樓란 누정을
지어 돌에 깊이 빠진 생활을 즐겼다.[22] 자연스럽게 자호로 석루石樓

를 썼다. 이만함李萬咸은 전국 산천을 다니며 돌을 모았고, 이익은 그에게 「삼석설三石說」이란 글을 지어주었다. 열풍은 여항인에게도 퍼져 규장각 서리 박윤묵朴允默이 「석시石詩」를 지어 석벽을 자부했다. 1773년 문과에 급제한 이심전李心傳은 충청도 광천의 오서산 자락에서 수석을 모아 꾸민 뇌뢰정磊磊亭을 짓고 살았다. 뇌뢰는 수많은 돌무더기를 표현한 재치 넘치는 명칭이다. 문인 목만중睦萬中은 「뇌뢰정기磊磊亭記」란 글에서 그가 돌을 모은 과정을 설명하고 모양이 특별한 괴석이 아니라 평범하고 흔한 돌을 두루 사랑하는 그의 취향을 높이 샀다.[23]

갖가지 호사 취미를 즐긴 조면호는 평소 돌을 수집해 감상한 다채로운 기록을 남겨놓았다.[24] 그는 1867년 새해 첫날 진열한 수석 11종에 세배를 올리고 각각의 돌에 시 한 수씩을 지어 바치기도 했다. 그것이 '예석시禮石詩'다. 「예십일석禮十一石」을 쓰고 나서 다시 돌 12개에 세배를 드린 「속예석구시續禮石九詩」와 「추예삼석追禮三石」을 지었다.

조면호가 강서에 유배 가서 만난 박지일朴之一은 호가 석련石蓮인데 수석 1만 개를 소장한 석벽石癖을 자랑했다.[25] 화가 이유신李維新은 호가 석당石塘인데 돌을 사랑한 취미를 반영한 호다. 이유신이 신위 집에 있는 괴석을 어루만지며 차마 그 곁을 떠나지 못하자 신위가 종에게 들려 보내려 했다. 이에 이유신은 굽신굽신 절하고 종을 물리친 채 직접 양손에 괴석을 떠받들고 의기양양하게 시장을 지나갔다고 한다.[26] 신위 역시 곡산 부사에서 퇴임하여 서울로 돌

아올 때 수레에 돌 세 덩이만 싣고 돌아올 정도로 돌을 사랑했다.[27]

　수석 취미가 생활화되면서 비판과 비평이 이어졌다. 강세황은 해주산 수포석水泡石이 주종을 이루는 수석 감상을 두고 "현재 부귀한 집에서 뜰에 늘어놓은 석분石盆은 모두 이 수포석이다. 반드시 세 봉우리로 깎아 만들었으나 한층 비루하고 속되다. 무슨 사랑스러운 점이 있다고 툭하면 모아서 기이한 완상품으로 만드는가?"라고 했다.[28] 취미 자체를 부정한 것이 아니라 수포석의 재질과 틀에 박힌 삼신산이 속되다고 보았다.

　도시 거주자에게 취미생활을 즐기는 삶은 번잡한 세상에서 독자적 개성을 지키며 격조 있게 사는 방법의 하나였다. 조선 후기에 취미의 종류가 다양해지고 서울에 거주한 지식인의 문집에 취미의 세계를 표현한 기록이 늘어난 현상은 상업화된 군중사회에 휩쓸려 매몰되지 않으려는 노력의 산물이기도 하다.

2부

마이너 시민의 부상

도회지를
어슬렁거리는
똑똑한 백수 양반

◆

18세기 서울에는 관료도 아니고 관료가 될 장래성도 많지 않으나 지식과 문학 재능으로 무장한 무리가 있었다. 서울 생활은 경제적 능력이 있다 해도 3대 동안 벼슬하는 사람이 없으면 버티기 힘들 만큼 생존 조건이 까다로웠고 버티다 견디지 못한 이들은 지방으로 뿔뿔이 흩어졌다. 관료로 올라서지 못해 서울을 떠나는 식자의 처량한 모습은 서울에 남은 자의 얼굴에 어두운 그림자를 드리웠다.

서울에 사는 가난한 선비는 한양성 안팎 곳곳에 흩어져 살았고, 다수가 남산 아래나 서대문 밖에 몰려 있었다. 관직과 인연이 없고 일정한 직업 없이 지내는 서생은 지방에 농토나 산림, 어장 등 고정자산이 있어야 했다. 조상으로부터 물려받은 경제적 기반이 서울 생활을 버티는 뿌리였다.

생업에 종사하지 않는 양반은 관료나 관료 예비군 아니면 할일 없는 선비로 지내는 것이 운명이었다. 그중 이른바 서족庶族은 더욱 열악한 처지에 놓여 있었다. 명문가의 후예이나 서족이라는 족쇄를 안고 살아가기에 관료로 진출하기도 힘든데 생업에 종사하지도 못했다. 그래도 지식과 글솜씨로 무장한 재사는 곳곳에서 두각을 나타냈다. 이덕무와 유득공, 박제가, 서이수의 사검서四檢書는 그중 특출난 이들이었다. 그러나 정조가 발탁한 사검서는 매우 드문 사례일 뿐이다. 비슷한 처지였던 서명인徐命寅이란 선비는 주목받지 못했다.

서명인은 서울의 대표적 명문가 후손이자 토박이로 뛰어난 시인이었으나 관료 사회에서도, 명사들 사이에서도 있을 자리가 없었다. 서명인은 생의 마감을 앞둔 1798년에 한평생 영위한 삶을 총평하며 이런 시구를 남겼다.

자취 숨겨 지금 세상에서 도망쳤으니
시를 남겨 후세 사람에게 전해주리라.
나의 생애 처음부터 끝까지를 총평한다면
성시城市 속 한 명의 한가한 백성이지.[1]

도시 속에서 한가하게 생애를 보낸 꽤 괜찮은 삶이었다는 자평처럼 보인다. 하지만 이 시 이면에 서명인은 아무 일도 주어지지 않은, 버림받은 존재의 울분을 담았다. 한가한 삶이란 직업이 없고,

할일이 없다는 말이다. 이번 생은 망했으니 그 모습을 시에 담아 다음 세대에게 보여주리라는 결기가 드러난다. 그의 시집에 룸펜 지식인의 서울 생활이 오롯이 담긴 이유다.

서울 토박이 양반, 서명인

2009년 10월 나는 서명인이 지은 「남도사십해南都事十解」를 발굴하여 『문헌과 해석』에 발표했다. 그 이전까지 서명인은 전혀 알려지지 않은 인물이었다.

서명인은 영조 1년인 1725년에 태어나 순조 2년인 1802년에 사망했다. 생애 전 시기가 영조와 정조의 치세 전반에 걸쳐 있으니 조선 후기 황금기를 일생 동안 누렸다. 그뿐만 아니라 조상 대대로 살아온 서울을 한평생 거의 벗어난 적이 없었다.

서명인은 조선 중기 명사 약봉藥峯 서성徐渻의 후손으로 명문가 대구 서씨 집안의 일원이었다. 서성의 아들 중에 우의정을 지낸 서경우徐景雨가 있고, 서경우는 측실에게서 서자 서유리徐裕履를 얻었다. 이 사람이 서명인의 증조부다. 조부는 찰방을 지낸 서문영徐文永이고, 부친은 서종화徐宗華다. 서종화와 서종해徐宗海는 영조 때 학자로 명성이 있었다. 서종해의 손자가 규장각 초대 검서관으로 임명된 서이수이니 서명인에게 당질이다. 서명인은 서울 서족 명문가의 후예였다.

서성 이래 이 집안은 서울역 뒤쪽에 위치한 약현성당 부근에서

10대를 넘겨 살았다. 서명인도 평생 여기서 살았다. 남대문 주변 거리를 자주 배회하고 서울 도회지 풍물을 작품에 자주 담은 것이 조금도 이상하지 않다. 서명인은 약현 집을 지키면서 어떤 벼슬도 하지 않았고, 특별한 직업도 없이 78세까지 장수했다. 명문가 서족이 벼슬을 하지 않으면서 서울에서 살아가기는 매우 힘들었다. 충청도 공주에 전답이 있었던 정황은 확인되는데 그 밖에 다른 경제적 기반이 있었을 수도 있다.

서명인은 생업에 종사하지 않고 시를 쓰면서 살았다. 이따금 농토와 선산이 있던 공주를 오가거나 영남과 관서 지방을 여행한 일을 제외하고는 오로지 서울에서만 지냈다. 같은 처지의 서족 문사와 어울려 지낸 일을 빼놓으면 그의 삶에서 특별한 행적을 찾아내기가 어렵다. 앞서 인용한 시의 끝 구절인 "성시 속 한 명의 한가한 백성이지"라는 말에 정확히 부합한다. 그에 관해 말한 이는 아무도 없었다. 그의 시집 『취사당연화록取斯堂煙華錄』이 자신을 밝히는 유일한 문헌인 셈이다. 그야말로 존재감 없는 무명의 선비였다.

시집 2책은 구성과 편찬 체제 등 여러 가지 면에서 당시 일반 시문집과 상당히 다른 독특하고 기이한 책이다.² 두드러진 특징만 밝히면, 책수가 2책일 때에는 보통 상하 또는 건곤으로 표기하는데 이 책은 좌우로 표기했다. 상하나 건곤은 위아래 신분 질서를 드러내는 데 반해 좌우는 평등을 표현한다. 상하 신분 질서에 넌덜머리가 난 심경과 개성 넘치는 서울 시민의 의식을 표현한다고 보면 지나칠까?

또 수록 작품에는 대부분 평점과 비평이 달려 있다. 평점과 비평을 가한 사람은 단계호모丹溪皞眊 이준야李埈埜와 백석산부白石散夫 최일운崔逸雲이다. 서명인의 절친한 친구로서 그들 역시 서족 신분에 무명 시인이었다.

태평성대에 한가한 사람

서명인은 한평생 "성시 속 한 명의 한가한 백성"에 불과하다는 자의식에 괴로워했다. 상업과 정치의 중심지인 서울에서 자신만 무위도식하는 한가한 사람이자 외따로 소외된 시민이라 생각했다.

서명인은 자부심이 대단했으며 성미는 까칠하고 교우 관계는 좁았다. 능력을 발휘할 자리를 얻지 못했고, 그를 인정해주는 사람도 없었다. 서울에서 주인 행세 할 것 같지만 소외감과 고독함을 느끼며 사는 처지였다. 그는 성문 밖에 사는 친구 집을 찾아가고서 "서울 안에서 나는 데릴사위와 같건마는/ 전원에서 자네는 이웃과 잘 어울리는군"[3]이라는 시를 썼다. 관료 세계에 들어가지도 못했고 명예를 얻지도 못했다. 그의 신분과 식견이라면 그런 위치에 가 있어야 했다. 하지만 현실은 그렇지 않아서 "관직도 껍데기이고/ 이름도 헛것이지/ 이름 아래도 관직 아래도/ 끝내는 머물기 어렵구나"[4]라 읊으며 자괴감에 시달려야 했다. 토박이지만 아무 곳에서도 받아들여주지 않는 소외감에 짓눌렸다. 불공평한 사회제도, 차별이 일상화된 풍속 아래 그가 머물 곳은 없었다. 그는 「기술하자면述而」두번째 편에서 이렇게 읊으며 처세관을 밝혔다.

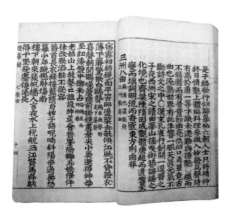

서명인의 문집 『취사당연화록』, 서울대학교 규장각한국학연구원 소장, 필사본.
정교하고 아름다운 글씨체로 필사한 책으로 주석과 비평이 달려 있고, 붉은 먹으로 평점이 찍혀 있다. 한강변 번성한 도심인 마포의 활력과 풍속을 묘사한 「삼주팔곡三洲八曲」이 실려 있다.

발아래는 곳곳이 험난하여도
머리 위는 한결같이 하늘이 푸르지.
지체가 낮은 곳에서 벗을 구하고
먼 옛날을 더듬어 세상을 찾으련다.[5]

서명인이 발을 디디고 사는 조선 땅 서울은 공평하지 않았다. 신분과 빈부, 남녀와 지역에 따라 온갖 차별이 존재하는 세상이었다. 그러나 머리 위에 펼쳐진 하늘은 한결같이 푸르렀다. 그의 시에서 하늘은 공평한 세계를 상징했다. 시집 전체에서 그는 하늘 천天 자 앞에 한 칸을 비워두었다. 한 칸을 비운 것은 그 글자를 공경한다

는 의미이고, 여기에는 차별 없는 세계를 희구하는 간절한 소망이
담겨 있었다.

　그는 자신과 지체가 비슷하거나 더 낮은 벗을 찾았고, 능력은 있
으나 신분이 낮아 인정받지 못한 사람과 어울리고자 했다. 지위와
명성이 높은 사람과 어울리는 것은 벗을 구하는 올바른 도리가 아
니라고 생각했다.[6] 그러나 현실에서 그런 벗을 찾기가 너무 힘들었
고, 자신은 무력했다. 조선 땅 서울에 살고는 있으나 이 사회에서
살고 싶지 않아 했다.

　1768년 서명인은 절친한 벗 이준야와 함께 동대문을 나와 영평
백운산에 묵었다가 춘천 청평산으로 들어갔다. 그리고 다락원 주막
에서 하룻밤을 지낼 때 장편시 「동대문을 나와出東門行」를 지었다.

　　걸어서 동대문을 나와
　　서쪽으로 한양 산을 돌아보았네.
　　내 가슴은 무엇 때문에 슬픔에 젖어
　　문득 떨군 눈물이 낯에 흐르나.
　　가시밭길에 너무도 시달렸고
　　울퉁불퉁 바위에 넘어졌지.
　　　　　(…)
　　북쪽으로 백두산에 올라가
　　젓대 불며 중원을 바라보겠노라.[7]

시에서 화자는 동대문을 벗어나 한양 산을 바라보며 그 아름다움에 찬사를 보내기는커녕 슬픔에 젖어 급기야 눈물을 줄줄 흘린다. 아름다운 산 아래 번화한 서울에서 지내는 삶은 가시밭길이었고 험난했다. 서울을 벗어나니 서족 출신의 비애와 분노가 울컥 솟구쳤다. 그러한 심경의 결말은 북쪽 백두산 정상에 올라 북으로 중원을 바라보는 것이다. 서울에서도 조선에서도 살기 싫으니 차라리 중국으로 떠나고 싶다는 고백이다.

삐딱한 외톨이

서족 지식인 중 반역이나 민란에 가담해 자신의 뜻을 표출하는 부류가 있긴 했으나 대부분은 좌절하여 세상과 담을 쌓고 사는 길을 택했다. 서명인과 그의 벗들 역시 그 길을 택할 수밖에 없었다.

1785년 서명인은 성안 거리를 지나가다 역모 사건에 연좌되어 압송되는 여인을 목격했다. 그는 부채로 그 행렬을 가리면서 「길 위에서路上行」를 지었다.

남산은 빛깔이 곱디곱고
북악은 몸체가 존엄하구나.
그 아래서 팔을 휘젓고 노래하며 걸은 세월 육십 년
나는 태평시대의 백성이지.[8]

역적을 보고 몰려든 시민 사이에서 쓴 시라면 역모 행위를 비판하거나 몸조심하자는 주제를 담기 쉽다. 엉뚱하게도 이 시에서 서명인은 존엄한 북악과 아름다운 남산 아래 서울에서 활개치며 살아가는 태평한 시민임을 자랑했다. 과장된 너스레는 그가 오히려 전혀 태평하지 않은 백성임을 보여준다. 큰 구경거리라도 생긴 듯 압송 행렬을 따라가는 군중과 완전히 다르게 정치에 아예 관심이 없음을 과장했다.

다음은 1792년 북악 아래 청풍계에 놀러갔을 때 지은 시다. 당시 그는 자식의 초상을 치르고 몹시 괴로운 나머지 날마다 밖을 쏘다녔다.

발에는 신발 두 짝 질질 끌고
손에는 지팡이 하나 잡고 놀러다닌다.
세상은 왜 그리 소란하고 흉흉할까.
오직 나만 호젓한 이곳을 찾아가누나.[9]

세번째 구절은 1792년 4월에 일어난 영남만인소 사건이 배경이다. 경상도 선비들이 사도세자의 신원을 요구하는 상소를 올리자 다른 도 유생도 가담하면서 정국의 파장이 어디로 흘러갈지 모르는 흉흉한 실정이었다. 서명인은 그 현장을 목도했음에도 그게 자신과 무슨 상관이냐는 태도를 보인다. 역모 사건이든 만인소 사건이든 잘난 사람들 문제이지 자신 같은 서족이 관심 기울여 뭐하겠느냐고 항변하고 있다.

중요한 사건이 자주 일어나는 서울에서 서명인은 극도로 소외
감을 느끼는 외톨이였다. 그의 시집에 비평을 달아준 이준야가 사
망하자 시 「한 번 통곡하네ㅡ哭」를 썼다.

단계이준야는 이제 죽었구나!
고독에 서서
남향하고 한 번 통곡하네.

이 시는 죽은 사람을 애도하는 일종의 만시輓詩로 대단히 파격적
이다. 만시는 일정한 형식과 내용을 갖춰야 한다. 하지만 서명인은
제목부터 만시라 쓰지 않고 한 번 통곡한다고 붙였고, 형식은 더더
욱 격식을 파괴했다. 한평생의 지기를 보내는 만시가 겨우 11자에
불과해 너무도 소략해 보이지만 한 글자도 더하거나 빼는 것이 불
가하다.[10] 여기에서 주목할 것은 "고독에 서서"란 표현이다. 공자는
"예에 선다立於禮"라 했건만 서명인은 고독에 서 있다. 이 극단적 차
별의 세상에서 그나마 같은 처지의 유일한 벗이 죽었으니 그야말
로 철저한 고독에 서게 되었다고 했다.

도회지를 어슬렁거리는 시인

서명인 시에 가장 많이 등장한 표현은 문을 닫아건다는 말이다.

어쩌다 닫아걸은 것이 아니요, '항상' 또는 '영원히' 닫아둔다 했다. 무언가를 해봤자 되지도 않을 것이니 아무 일도 하지 않고 그나마 시를 쓰며 인생을 보내고 말겠다는 생각이다. 이는 어슬렁거리며 도회지 거리나 구경하자는 태도로 귀결된다. 「단계와 팔짱 끼고 시장을 구경하다 시를 읊조리다聯袂丹叟, 觀市口吟」라는 다음 작품을 보자.

대장부가 어찌 이맛살 찌푸리며 걱정하랴.
이 세상에 허리 굽혀 구할 일은 원래 없지.
남은 아예 날 모르니 은거를 굳이 할까.
지팡이에 동전 매달고 시장이나 어슬렁거린다.

이준야와 함께 시장을 어슬렁거리고서 입에서 나오는 대로 시를 지었다. 조선 땅 서울에서는 자신이 할 일이 없으니 돈을 들고 시장이나 구경하러 다닌다. 아무도 거들떠보지 않는 이름 없는 존재이므로 목적 없이 자유롭게 돌아다니면 됐다.

서명인은 서울의 시장과 포구, 기방, 골목 등 도회지 곳곳을 다니며 풍경을 시에 담았다. 다음은 오늘 아침에 본 남대문을 묘사한 시 「남대문을 오늘 간다南門今日行」다.

아침 햇살 성가퀴 틈새로 비치고
시민들 안개 피듯이 굼실거린다.
동편 서편에 제각기 자리잡고

채소전과 어물전이 마주하였다.

사람들은 왁자지껄 웅성거리고
어깨와 등짝이 걸려 돌아서기도 힘겹다.
노새는 땔나무 실은 채로
연못가에 떼 지어 서 있다.

그 누가 불쌍히 여기랴?
이들 속에 뒤섞인 양반 생원을.

봉원사에서 나온 중은
바라 치며 적선하라 다가온다.
입으로 아미타불 음송하며
손으로는 시줏돈을 받아 챙긴다.

저 여인은 성명이 무엇일까?
칠패 앞에 곱게도 섰네.
긴 치맛자락은 길바닥 쓸고
머리에는 다리가 둥그렇다.

약계의 신서방은
그 뒤를 밟아 뽀얀 연기 속을 넘어간다.

서울 3대 시장 중 하나인 남대문 밖 칠패 시장 풍경을 생생히 묘사했다. 약현 집에서 내려오면 바로 칠패 시장이었다. 시에 등장하는 양반 생원이 시인 자신이다. 시는 크게 두 부분으로 나뉜다. 생원의 눈에는 소란스러운 시장 바닥과 봉원사 승려가 시줏돈을 구하는 공연 모습, 그리고 고운 여인의 모습이 들어왔다. 김홍도와 신윤복의 풍속화에 등장하는 풍경과 흡사하다. 땅바닥을 스치는 긴 치마와 머리에 올린 둥그런 다리 차림의 여인, 그런데 갑자기 약계의 신서방이 여인의 뒤를 따라 도회지 뽀얀 연기 속으로 사라지는 마지막 대목은 긴 여운을 남긴다. 2구에서 시민이라는 말은 서명인이 자주 쓴 말이다. 좁게는 상업에 종사하는 시전 상인을 가리키나 서명인은 시정 사람, 나아가 서울 도회민을 가리키는 말로 자주 사용했다. 서명인은 시민을 비롯해 이 시에서 당대에 쓰이던 속어를 적극적으로 사용했다. 약계 신서방, 채소전, 어물전, 양반 생원, 봉원사, 칠패, 머리에 얹는 다리 등이 그것이다.

또다른 작품으로 「삼주팔곡三洲八曲」은 삼주三洲, 곧 마포나루의 서민 생활을 여덟 장면으로 나눠 현장감 있게 묘사했다. 배가 몰려드는 장면, 무당이 점치는 모습, 길 가는 여인, 뱃짐 나르는 일꾼, 우물가 술판, 여인에게 장난치는 남자 등 당시 번화한 경제 중심지인 마포에 거주하는 서민의 활력 넘치는 생활상을 잘 포착했다.

1766년에 지은 「저녁에 종루 거리를 지나다가 시를 짓다暮過鐘樓街上口占」는 작품 세 편으로 구성되었다. 차례로 들면 다음과 같다.

작자 미상, 〈풍속도〉, 국립중앙박물관 소장.
서울의 번화한 다리 근처에서 사당패가 놀이하고 행인들이 구경하
는 장면이다. 행인이 많이 모이는 곳에서 사당패나 탁발승이 공연을
하여 동전을 받았다. 한 여인이 공연을 외면하고 다리를 건너가고, 그
여인의 뒷모습을 남자가 훔쳐본다. 이 그림은 프랑스 국립 기메동양박
물관 소장 김홍도의 〈사계풍속도〉와 내용이 유사하다. 시정의 풍속과
도회민의 일상을 인상적으로 그렸다.

꽃 무더기가 관아와 집을 화사하게 꾸미고
개천은 구불구불 약속 장소로 가는 듯
새까만 남산은 달을 살짝 뱉어내고
일 마친 무렵 거리 가득한 인파는 희다.

길게 뻗은 시전 거리 나란히 늘어진 버들
얼큰히 술에 취해 나귀 타고 고삐 늘인 채 돌아가네.
태평 시절 서울 사는 즐거움 이제야 알겠으니
풍악 소리 곳곳에서 발을 걷고 울려대네.

"담배 사려!" 외치는 소리 끊어졌다 이어지고
행랑에는 등불 밝혀 골목길이 환하다.
한가로운 네댓 사람 팔짱 끼고 말하네.
"간밤에 군칠이집에서 술을 걸렀겠지."

　서명인이 친구와 이야기를 나누다가 종로를 거쳐 집으로 돌아
가는 길에 본 세 장면이다. 저녁에서 밤으로 넘어갈 무렵 시장은
문을 닫고 술집은 분주해지는 종로 풍경을 묘사했다. 첫번째 시는
어둠이 몰려와 풍경이 바뀐 거리를 생생하게 묘사했다. 새까만 남
산에서 달이 살짝 떠오른 풍경을 "남산이 달을 뱉어내다唾"라고 표
현했고, 흰옷 입은 사람들이 돌아다니는 밤거리 풍경을 "인파는 희
다人白"로 표현했다.

두번째 시에서는 나귀 타고 귀가하는 취객과 기생집에서 울리는 풍악 소리를 통해 서울 주민이 누리는 향락과 즐거움을 표현했다.

세번째 시에서는 담배 파는 아이들이 외치는 소리가 들리는 종로 광통교 풍경과 술집을 찾아가는 술꾼의 목소리를 생생하게 표현했다. 18세기 서울에서 가장 큰 담뱃가게가 광통교 부근에 있었고, 여기서 아이들이 호객 행위를 하며 담배를 팔았다. 한량 네댓 명이 군칠이집에서 담근 술을 한잔 걸치고 가자는 모습은 더 인상 깊다. 광통교에 있던 군칠이집은 18세기 장안에서 명성 높은 술집 겸 음식집이었다. 이곳은 국밥과 고기산적, 개장국 등을 팔아 날마다 300~400냥을 벌던 서울 최대의 기업형 음식점이었다. 시에는 주를 달아 "여자 군칠과 남자 군칠이 있는데 다들 큰 술집으로 서울에서 명성이 자자했다"고 밝혔다.

서명인이 곳곳을 어슬렁거리며 구경한 장소는 시장과 포구, 기방 등이었다. 사대부가 선호하는 아름다운 산수와 누정이 있는 명승지는 오히려 드물었다. 시민과 연애, 금전과 상업이 대부분을 차지했다. 서울 토박이의 눈에 비친 변화하는 시민의 생활상이 당대의 말씨로 표현되었다.

서울 여성의 사랑과 애환

서울을 묘사한 그의 시에는 유난히 시정 여성이 많이 등장한다. 「삼주팔곡」에도 마포의 여성이 등장하고, 「남대문을 오늘 간다」에도 칠패 시장 여성이 등장한다.

보통 시에 등장하는 여성은 규방에 갇혀 사는 양반가 여성이거나 향촌에서 소박한 생활을 영위하는 여성이었다. 서명인의 시에 등장하는 여성은 이와 딴판이다. 서울에 사는 중인 또는 서민 여성이거나 그도 아니면 기녀였다.

서명인은 도회지 유흥 공간에서 널리 불린 가요나 민요, 가사, 시조 같은 서민 노래의 정서와 가사를 작품 모티브로 활용했다. 그런 노래에서는 흔히 여성이 주인공으로 등장했다. 18세기 중반에 널리 불리던 남휘南徽와 그의 애인인 비구니의 가사 「승가僧歌」를 바탕으로 지은 「남도사십해」와 「낙행樂行」, 「원게怨偈」 30수가 대표작이다. 「남도사십해」는 남휘의 애정 공세를 받은 비구니의 설레는 마음을 묘사했고, 「낙행」은 둘의 관계가 행복한 사랑으로 발전한 상황을, 「원게」는 여자가 버림받아 애태우는 상황을 설정해 노래했다.

이 밖에도 "나비야 청산 가자 범나비 너도 가자……"라는 유명한 시조를 각색한 「범접요范蝶謠」와 「노처녀가」를 바탕으로 창작한 「여가사장女歌四章」이 있다. 모두 당시에 서울 거리와 유흥가에서 널리 불리던 노래로, 사랑을 갈구하는 남성과 여성의 심경을 나타냈다. 이들 작품이 표현하고 있는 사랑은 당시 시정에서 남녀 간에 일어날 법한 현실적 사랑이다. 품위 있는 고상한 사대부 문학에 나타난 비유적 사랑이 아니다.

서명인이 쓴 시 「국풍 10수」의 작중화자는 기방의 기녀이거나 부잣집 젊은 부인과 소실이다.

부채는 둥글둥글 달덩이처럼 붉어
합환선이라 부르건만 왜 나는 혼자일까.
최칠칠에게 살그머니 부채를 보내서
까치 밟고 직녀 찾는 견우를 그려달래야지.

새로 내금위 아병에 제수된 낭군은
감청색 쾌자 입고 검정색 유화油靴 신었네.
삼경 번을 벌써 끝냈으련만 감감무소식
아무래도 두매 집에서 자고 있나봐.

이부자리 깔아놓아 냉기를 가시게 하고
밤시간을 헤아리며 잠 못 들고 뒤척이네.
문짝을 두드리며 날 찾는 이 누구일까.
붉은 옷에 초립 쓴 다정한 정인이겠지.

시의 화자는 양반집 규수가 아니다. 첫번째 작품에서는 주술적
힘을 빌려 남자가 자기에게 돌아오도록 하려는 여성의 심리를 표
현했다. 두번째 작품은 낭군이 대장 휘하 군졸이 되고 나서 밤늦도
록 다른 여자와 바람을 피워 애태우는 심경을 묘사했다. 세번째 작
품은 늦은 밤 이부자리 펼치고 손님을 기다리는 기녀에게 별감이

찾아오는 장면을 묘사했다. 붉은 옷과 초립은 별감의 복장이다.

위 세 작품에서는 서울 시정인을 대표하는 기생, 군인, 별감이 등장한다. 여성의 감각과 감정이 너무 새로워 낯설기까지 하다. 대단히 '모던'한 감각이다.[11]

청루, 곧 기방의 이런저런 풍경을 묘사한 「청루산절」 중 두 편을 보자.

　　최 선비님은 당나귀를 타고서
　　문 앞을 지나 의기양양 멀어지시네.
　　빠른 당나귀 걸음만 야속할 뿐
　　나귀 타신 선비님을 원망하지 않네.

　　마주보고 노래하는 유양반.
　　부채로 장단 맞추는 조휘막.
　　노래가 계면조로 바뀌면
　　빠른 음악이 등불을 흔드네.

모두 기녀 자신을 묘사하지 않고 그가 연모하는 선비와 그와 어울리는 가객 두 명을 묘사했다. 최선비는 최익남崔益男으로 서명인의 친구인 서족 문인이다. 일찍부터 기방에서 재사로 명성이 있었다. 화류계 명사로 유명한 그가 병들어 누운 자리에서 가희歌姬와 금사琴師가 자리를 지킬 정도였다.[12] 첫번째 시는 최익남을 향한 연모의 정을 드러낸다.

두번째 시는 기방에서 유명한 명창으로 활동한 유양반과 조휘막을 묘사했다. 유양반은 홍대용, 김억, 이한진 등과 함께 음악회를 연 유학중兪學中이다. 양반 신분으로 가객이 되어 기방에서 노래를 불렀다. 조휘막은 늘 두루마기를 착용한 가객이었다. 영조 말엽 서울의 명사가 시에 등장한다. 그는 고전을 모방하지 않았다. 그가 모방한 것은 18세기 서울 저잣거리에서 떠들썩하게 유행한 노래였다.

18세기 중반 서울에는 서명인 같이 뛰어난 글재주를 지닌 서족 지식인이 다수 출현했다. 대부분 서울이란 대도회지에서 허송세월 할 수밖에 없는 룸펜 지식인이었다. 이봉환李鳳煥, 이명계李命啓, 최익남, 남옥南玉, 남유두南有斗 등이 서명인의 절친한 친구였는데 이들은 서족 지식인의 좌절과 울분, 서울 토박이의 정서를 예민한 감각의 시로 풀어냈다. 사람들은 그 시풍을 초림체椒林體라는 이름으로 불렀다. "입에 불쑥 닿으면 고추씨가 혀를 얼얼하게 하는 듯하고, 눈에 스치면 시린 바람이 눈동자를 찌르는 듯한"13 초림체 시의 특징은 누구보다도 서명인이 잘 보여주었다. 이덕무, 유득공, 박제가를 비롯한 백탑시파白塔詩派 시인들이나 『이언俚諺』을 지은 이옥李鈺은 도회적 시풍을 계승해 18세기 서울을 묘사하는 데 동참했다.

공부하는 보통 사람

지나친 말이 될지 모르겠으나 조선왕조는 양반 사대부를 위한 나라였다. 정치와 경제, 사회와 문화가 사대부 중심으로 짜였다. 사대부는 유학을 익히고 시문을 짓는 독서인이었다. 그 힘으로 과거에 급제하거나 조상의 덕으로 관료에 진출하게 되면, 국가의 녹을 먹었다. 그러지 못하면 독서인으로 남아 다른 생업에는 종사하지 않았다.

사대부가 근본적으로 할일은 유학 공부와 시문 창작이었다. 시문 창작은 양반의 전문 분야였다. 농사꾼이나 상인, 공인을 비롯해 아전, 역관, 의원, 군인, 일용 노동자 등 다른 생업을 가진 이에게는 허용되지 않는 영역이었다. 시인은 조선시대 특권계층이었다.

문맹률이 90퍼센트를 훨씬 넘긴 조선 사회에서 한문을 자유롭게 구사해야 쓸 수 있는 한시 창작은 사대부가 독점했다. 여성은 신분을 막론하고 끼지 못했다. 『동문선』『국조시산』『기아箕雅』 같은 주요 시선집에서 작가의 95퍼센트 이상이 사대부였다. 조선 후기에 중인과 일부 평민이 시인으로서 존재감을 드러냈고, 예외적으로 허난설헌 같은 여성과 극히 일부로 기녀와 승려가 있었으나 그 비중은 현저히 낮았다. 그래서 근대 이전에는 사대부를 중심으로 시선집을 만들었고, 책 뒷부분에 여성, 기녀, 승려, 천인의 작품을 따로 구분해 실었다.

조선 후기에는 완고한 구도에 큰 변화가 일어났다. 중인과 평민이 시를 짓기 시작했다. 이른바 여항시인은 인간이면 누구나 신분과 상관없이 시를 지을 수 있음을 과시했다. 서울 관아에 근무하는 아전과 역관, 의원처럼 지식과 인맥, 경제력을 갖춘 테크노크라트가 앞장섰다. 전문직 중인은 지식을 무기로 사회 전면에 등장했다.

18세기에는 실무 능력과 경제력, 인맥을 갖춘 사람들이 교육과 학문, 문학, 예술 분야에 적극 참여하기 시작했다. 이들을 가리키는 말이 여항인 또는 위항인委巷人이다. 서울의 경아전과 역관, 의원이 그 주축을 이뤘다. 여항인 시선집인 『소대풍요昭代風謠』의 서문에서 오광운吳光運은 "우리나라 여항 사람들은 나라의 제도에 제한을 받아 과거 시험에 마음이 얽매이지 않고, 서울 문명 속에서 생장하여 시골뜨기의 고루한 병통이 없다. 그 덕분에 시사詩社에서 한가롭게 노닐고 문화를 노래한다"[1]고 했다. 사대부에게 특권처럼 주어진 문화의 세계를 이제는 여항인이 넘보고 있었다.

사대부 독점에서 도회민의 공유로

조선 사회는 19세기 말까지 신분제가 유지되었다. 한시 창작과 향유는 교양과 교육이 전제되지 않으면 불가능했다. 한문을 구사하는 시스템을 장기간 확고하게 유지해온 조선 사회에서는 더욱 그랬다. 언어 구사 능력은 곧 신분이나 경제력과 비슷한 또다른 권력이었다. 이규상李奎象은 「배우기를 권한다勸學」에서 "시골 사람 아들이라도/ 글을 지을 줄 알면 좌중의 보배요/ 혁혁한 문벌 출신이라도/ 글을 모르면 그저 평범한 백성이네"[2]라고 말했다.

그러니 사대부가 아니라도 경제력이 뒷받침됐을 때 문자를 익히고 문학을 향유하려는 욕구를 갖게 되는 것은 당연했다. 신분 상승이나 권력 분배가 막혀 있는 사회 환경에서 문학은 권력을 획득할 수 있는 통로였다.

여항인은 교육에 투자해 그 욕구를 실현하려 했다. 공교육에서 소외된 여항인은 서당이란 사교육에 의지해 사대부가 누린 교육 시스템에 편입되었다. 사실 18세기 이후 서울의 성균관과 지방의 향교를 중심으로 한 공교육의 기능이 서원이나 가숙家塾, 서당으로 분산되었다.[3] 그 결과 전국적으로 서당이 급격하게 증가해 교육의 대중화가 상당히 이뤄졌다. 그러자 즉시 과거 응시자 수가 폭증했다.

18세기에는 사설 교육기관인 서당이 전국적으로 확대됐는데 설립의 주체는 중인에서 평민까지 다양했다. 1778년 의주 부윤을 지낸 이명식李命植은 의주 평민이 독자적으로 서당계書堂契를 조직해

학생을 가르치는 탓에 마을마다 서당이 없는 곳이 없고, 그에 따라 병력 지원자가 줄어드는 문제가 발생한다고 국왕에게 보고했다. 국경 지역인데다 지역 차별이 심한 평안도 군사 요충지까지 서민이 주체가 되어 서민을 교육하는 서당이 설립된 현실을 보여준다. 다른 지역도 사정은 마찬가지였다.

서울을 비롯한 대도회는 중인과 평민의 교육열이 높았고, 더 다양한 교육의 기회가 쉽게 조성되었다. 1753년 영조에게 양반보다 중인이 공부에 더 열중하는 서울의 교육 현황이 보고되었다. 국왕과 승지 사이에 오간 다음 대화를 보자.

조명리趙明履와 김상중金尙重이 말했다.
"근래 중인 가운데 과거를 공부하는 자가 매우 많습니다. 몸가짐도 예전 중인과는 같지 않습니다."
주상께서 말씀하셨다.
"지난번 김시형金始炯의 말을 들었더니 매일 밤 관동 근처의 사대부 집을 지나면 다 적막한 반면 중인의 집에서는 곳곳에서 불을 밝히고 책을 읽고, 밤을 새우며 잠을 자지 않는다고 하더라."
상중이 말했다.
"과연 그렇습니다. 지금 사대부 집에서는 글 외우는 소리가 들리지 않습니다. 옛날의 중인은 오로지 역관과 장사의 본업만을 일삼았습니다만 지금의 중인은 본업을 잃어버리고 할일이 없기에 책을 읽는 데 열심인 자가 많습니다."

명리가 말했다.

"신이 한강가에 있을 때 한 곳을 지나는데 독서하는 소리가
여러 곳에서 들렸습니다. 매우 착실하게 공부하는지라 신이
오래 말을 세우고 들었습니다."

주상께서 말씀하셨다.

"승지는 구리개를 본 적이 있는가? 그곳은 모두 중인과 서얼
이 사는 곳인데 외모가 제법 깨끗하단다."

명리가 말했다.

"과거 공부를 하는 이도 있고, 홍세태洪世泰처럼 문장을 지으
려는 이도 있습니다."

주상께서 말씀하셨다.

"그들이 문장을 지어 무엇에 쓸까? 이는 심히 요긴하지 않
다."4

영조가 승지 둘과 나눈 대화로 예전과 달라진 서울 중인의 분
위기를 선명하게 제시했다. 중인이 사대부보다 공부에 더 열중한
다는 동태를 보고받고 영조는 중인이 문장을 지을 필요까지는 없
다고 했다. 사대부의 고유한 영역을 중인이 침범하는 실태를 우려
했다.

공부하는 여항인

당시 서울에는 여항인을 가르치는 유명한 사설 서당이 여러 곳 있었다. 김만최金萬最는 삼청동 백련봉 아래에서 학도 수백 명을 모아놓고 가르쳤고, 엄계흥嚴啓興은 인왕산 아래에서 학도 300여 명을 가르쳤다. 그 밖에도 이몽리李夢鯉나 신의측申矣則은 학생을 잘 가르친 훈장으로 유명했다. 유명한 시인 천수경千壽慶 역시 큰 규모의 서당을 운영해 체계적인 교육을 펼쳤다.[5] 영남에서는 최천익崔天翼이 학도를 많이 기른 스승으로 알려졌다.

안광수安光洙는 성균관 반인泮人의 특수 거주지 반촌에서 반인을 교육했는데 제업당齊業堂이란 이름의 서당을 열어 얼추 1000명에 이르는 제자를 길렀다. 또한 그중 총명한 학도 70여 명을 따로 뽑아 관동계冠童契를 만들었다. 제업문회齊業文會라고도 한 이 계모임에서는 소그룹으로 모여 경서와 예학을 학습하고 시를 창작했다. 그의 수제자가 벽하壁下 정학수鄭學洙로, 반촌 북쪽 송동에 큰 서당방을 열어 학생 수백 명을 가르쳤다. 이 서당의 규모는 당시 서울에서 가장 컸다.[6]

사대부가 담당하던 교육자의 역할을 여항인이나 서족 지식인이 분담하는 현상이 확대되었고, 명문가 사숙私塾 교사에서 여항인의 비중도 커졌다. 문벌 좋은 사대부가 관직을 독차지하는 현실은 변함없었지만 지식은 대중화되었다.

과거 응시자는 폭발적으로 증가했다. 1800년 3월 21일과 22일 이틀에 걸쳐 치른 시험에 응시한 자가 각각 11만 1838명과 10만

3579명이었고, 시권을 제출한 자가 각각 3만 9870명과 3만 2884명이었다. 100년 전인 1707년에 생원과 진사를 뽑는 시험에 1만 1190명이 응시한 것과 비교하면 응시자 수가 10배나 증가하였다. 기록적인 응시자 수로 압사자와 부상자가 속출하기까지 했다.

이런 변화는 국왕의 정책과도 연관이 있다. 자신의 모계에 열등감을 가졌던 영조는 여항인의 활동에 우호적 태도를 보여 그들의 문화활동을 여러 방면으로 지원했다. 영조는 문벌이 없으면 아무리 문장이 좋고 기예가 뛰어나도 조정에 쓰이지 못하는 현실을 자주 개탄했다.[7] 서족이 요직에 오를 수 있는 법적 장치를 만들고서 그것을 가장 훌륭한 업적의 하나로 자부하기도 했다.

정조도 영조의 정책을 계승하고 강화했다. 세손 시절부터 학문을 강조한 그의 정책에 따라 여항에서는 독서 인구가 대폭 증가했다.[8] 대표적 사례가 왕태王太다. 술집 중노미인 왕태가 궁궐 경비를 서면서 공부하다가 이조판서 윤행임尹行恁의 소개로 정조를 알현하고 유명한 시인이 되었다. 정조는 수학에 정통한 여항인으로 한 번도 서울에 출입한 적 없는 가평의 한이형韓以亨을 등용하지 못한 점을 안타까워하다가 끝내 그를 장용영壯勇營의 계사計士로 특별 채용하기도 했다.[9] 정조는 한 가지 능력만 갖춘 사람이어도 발탁해 한 사람 한 사람이 자기 재능을 발휘할 기회를 주었다.[10] 이러한 정책은 여항 문단의 발달에 큰 자극이 되었다.

경아전 이하 낮은 신분의 사람들이 여항인이라는 이름으로 모은 문예적 역량은 사대부의 공고한 문화 권력을 해체하는 힘으로 부상했다.

서울 여항인의 자의식

여항인은 문화 영역에서 본격적으로 자기 목소리를 내기 시작했다. 영조는 "그들이 문장을 지어 무엇에 쓸까? 이는 심히 요긴하지 않다"라고 말했다. 그러나 18세기 여항인은 '심히 요긴하지 않아도' 자신의 붓으로 자신의 삶과 생각을 표현하는 것에 큰 가치를 두기 시작했다.

여항인의 문학은 대체로 사대부 문학을 추종해 모방하는 한계에서 크게 벗어나지 못했다고 평가받아왔다. 그러나 여항 문학의 성과는 적극적으로 해석할 여지가 많고, 사대부 문학의 아류로만 볼 수 없는 소수자 문학의 특징이 있다.

여항인은 문학을 통해 소수자의 정서와 시각과 자의식을 생생하게 보여주었다. 자신의 존재를 자기 목소리로 표현했다. 18세기 이후 사대부의 손에 의해 여항인의 전기와 묘지명이 많이 지어졌다. 그러나 여항인이 지은 전기와 묘지명은 수량이나 질적 수준에서 그보다 더 앞섰다. 여항인은 작품에서 자신의 실존 문제를 진지하게 다루었다. 여항인 장지완張之琬이 서울에서 버티지 못하고 낙향하는 친구를 연민하여 쓴 글을 보자.

사내아이가 태어나면 활과 화살을 걸어놓고 시와 글을 가르치니 이는 뜻을 사방에 두고 만물을 다스리라고 기대한 때문이다. 우주 사이의 일은 어느 것이든 그의 분수에 넘치지 않는다. 덕을 세우고 말을 세우는 것은 곤궁한 군자가 할 일이고, 천하를 두루 잘 다스리는 것은 영달한 군자가 할 일이다. 나와 자네는 곤궁과 영달 중 어디에 속하는가? 불우한 선비는 고금에 수도 없이 많다. 재주가 모자람도 아니고, 학문이 올바르지 않음도 아니며, 불행한 시대도 아니건마는 마지막에 말이 이르면, 도리 없이 운명으로 돌리고 만다. (…) 따라서 현기玄錡와 정수동鄭壽銅이 저잣거리에서 미친 노래를 부르며 날마다 술이나 마시고, 이몽관李夢觀과 유산초柳山樵가 병을 핑계로 문을 닫아걸고 머리에 망건을 쓰지 않은 채 지낸 지 벌써 십 년째다. 이들 여러 군자가 답답함에 펄쩍펄쩍 뛰며 불평을 토하거나 몸을 숨기고 세파에 찌들며 성명을 숨기며 사는 처신이 어찌 본심에서 나온 행동이랴? 어쩔 도리가 없어서 그리 할 뿐이다.[11]

19세기 저명한 여항인 문인이 현실에 안착하지 못하는 실태를 비감한 어조로 묘사했다. 여항인의 처지에서 여항인 지식인의 삶과 운명을 감동적으로 표현해냈다. 재능 있고 학문도 출중한 여항인이 난세가 아닌데도 인생을 마구 살거나 몸을 숨길 수밖에 없는 상황을 폭로했다.

여항인은 양반 사대부의 문화 권력에 대항하는 세력으로 성장해 소수자의 문학활동을 촉진하는 구심점이 되었다. 서울의 경아전과 전문직 중인은 마치 중세 유럽의 상공업자 조직인 길드처럼 끈끈하게 결속해 자기 집단을 형성했다. 서울의 군인과 상인 집단, 지방의 아전과 평민, 그보다 신분이 낮은 천민 세력까지 여항인 범주에 포섭했다.

경아전과 전문직 중인이 여항인의 범위를 천민까지 확대한 데는 이유가 있다. 천민이나 평민도 중인 계층으로 상대적으로 신분 이동하기 쉬웠다. 홍세태만 해도 면천을 거쳐 노비에서 중인으로 상승했고, 왕태 역시 술집 중노미에서 중인으로 신분이 상승했다. 세습 노비였던 정초부鄭樵夫는 시인으로 명성을 얻어 면천되었고, 그의 두 아들은 양근현의 하급 아전으로 발탁됐다. 또 성균관에 소속된 공노비인 반인은 여항 문단의 주요 세력 가운데 하나였다. 공노비는 신분은 노비이나 실제 맡은 일은 중인과 비슷한 점이 많았다.

경아전과 전문직 중인은 『소대풍요』『풍요속선』『풍요삼선』 등의 선집을 편찬했고, 18세기에 천민 출신으로 큰 명성을 누린 정초부와 이단전李亶佃, 그리고 반인 시인의 작품도 선집에 수록했다.[12] 천민 출신을 배제하지 않은 것이다. 이들은 명성이나 작품성에서 중인 문인에게 뒤지지 않았을 뿐 아니라 여항 문단을 대표하는 시인으로 간주해도 좋을 정도였다.[13]

글쓰기는 폭넓은 영역으로 뻗어나갔다. 지인끼리 편지를 주고받는 문화가 퍼져 18세기 이후 수많은 편지 쓰기 교본이 유행했다.

제사를 비롯한 각종 의식 절차를 양반가처럼 격식을 갖춰 행하면서 『사례편람四禮便覽』이나 『절용방切用方』 같은 문서 양식이 보급되기도 했다. 그 밖에도 군사용 서적과 의서, 농서 같은 실용서가 한문과 한글로 동시에 간행되었다. 장혼은 『계몽편啓蒙篇』 『아희원람兒戱原覽』 『몽유편蒙喩篇』 『근취편近取篇』 등 많은 출판물을 편집, 출간함으로써 여항인의 지식수준과 기호에 맞게 대중적 출판이 가능한 시대를 열었다. 고급 지식과 유가의 기본 경전, 과거 시험용 서적이 대량으로 보급되었다. 대중이 교육에 참여하면서 국가 통제하에 놓여 있던 출판시장에서는 그 수요를 맞추기 위해 저렴한 가격의 방각본이 등장했고, 상업용 출판이 본격적으로 이루어졌다.

실용 학문

여항인은 현실에 유용하게 쓰일 실용적 학문에 관심을 보였다.

내의원 의관 이시필李時弼이 18세기 전반에 저술한 『소문사설謏聞事說』은 중국에서 견문하거나 누군가 창안한, 실생활에서 쓸모 있게 사용하기에 좋은 각종 실용 도구의 제작법을 밝혀놓았다. 실무자가 즉시 활용할 수 있는 구체적 지식과 기술에 초점을 두고 새로운 문물을 소개했다.[14] 그 가운데 '벽돌 만드는 법'은 벽돌 제조법을 상세하게 서술했는데 최고의 역관으로 널리 알려진 이추李樞가 1727년 청나라에 가서 배워 온 지식에 바탕을 두었다.[15] 이시필은 현실을 있는 그대로 드러내고, 유용한 지식을 소개했다. 특정 이념이나 주장을 드러내려는 의도가 없었다.

비변사 등 중앙 부처의 실무 관료였던 서경창徐慶昌은 「무비설武備說」을 지어 국방 문제를 논했다.[16] 그는 수레와 배의 사용이 국방의 중요한 관건이라 보고 조선 형편에 맞게 작은 수레를 만들어 먼저 사용하되 평상시에는 민간용으로 사용하고 유사시에는 군용으로 사용하자고 주장했다. 수레 제작에 필요한 세밀한 규격까지 제시한 그의 주장은 박제가의 「병론兵論」과 매우 흡사하다. 그 밖에도 그는 고구마 재배 확대를 주장했고, 국가 재정의 현안, 공수攻守 방법, 반란군 진압법 등을 논한 논설문을 지었다. 실무 관료로 재직하며 습득한 전문 지식을 체계화한 저술인데 이는 본디 사대부의 몫이었다.

송규빈宋奎斌은 국방 문제를 다룬 『풍천유향風泉遺響』을 저술해 외적 침입에 대비한 전력과 전술을 상세하게 다뤘다. 그의 저술과 주장은 당대에도 널리 알려져 황윤석黃胤錫은 김용겸의 소개로 창의궁 뒤쪽의 구동에 있는 송규빈의 집을 찾아가 그를 만나보기도 했다. 조정에서는 실제로 송규빈의 주장을 검토하기도 했고, 왕명에 따라 전 사역원司譯院 봉사奉事 이명귀李命龜가 바친 『북성방략지北城方略志』와 『중수화포식重修火砲式』 각 1책을 검토하기도 했다.

병법에 관심을 기울인 여항인은 이 밖에도 많았다. 우림장羽林將 최정봉崔挺鳳이 1788년 4월 21일 5항에 걸쳐 군무를 진언한 일이 『일성록』과 『정조실록』 해당 일자에 보인다. 심노숭 형제는 그를 직접 만나 대화를 나눠보고는, 여항인 병법 전문가의 병제 개선책

이 시행되지 못함을 애석해했다.[17]

여항인이 국방에 큰 관심을 기울인 데에는 이유가 있다. 일단 서울 주민 가운데 군인의 비중이 상당히 큰데다 비변사 등 군문 실무자로 근무한 여항인이 많았고 그들은 군사제도와 군사기술에 전문식견이 있었다.

이 밖에도 여항인은 다양한 분야에서 두각을 나타냈다. 관혼상제 예법에서는 전문가가 다수 배출돼 반인인 김희중金喜重이 『관혼상제례』 3권을 편찬했고, 무인으로 만호萬戶를 지낸 고시연高時淵이 풍수설에 능통해 전국을 탐방하고 지도를 그려 세상에서 널리 이용하게 했다. 이즙은 경학과 의술에 능하여 『일사一事』 8권을 저술했고, 엄한붕嚴漢朋은 고금 서법에 정통해 『집고첩集古帖』을 편찬했다.

문예 창작

시도 창작했다. 여항인은 시인이 되고 시인으로 불리기를 원했다. 시 창작에 큰 노력을 쏟으면서도 시인으로 불리기를 꺼리고 학자로 불리기를 바란 사대부와는 달랐다. 사대부는 시를 작은 재주요, 취미 삼아 하는 일로 낮추어 보았다. 그러나 여항인에게 시인이란 사대부와 동등해질 수 있는 문화적 지위를 부여해주는 이름이었다.

여항인은 생업에 종사하는 틈틈이 취미생활의 하나로 학문을 하고 시를 지었다. 사대부처럼 홀로 짓고 익히기 어려웠다. 그래서

**윤도행尹道行 원작·김홍도 방작, 〈시한도是閒圖〉, 일본 세이카도문고靜嘉堂文庫 소
장『모암시회도帽巖詩會圖』수록, 국립중앙도서관 복제.**

창경궁 위장衛將을 지낸 김순간金順侃과 비변사 서리를 지낸 최윤창崔潤昌, 승문원 서리
를 지낸 마성린馬聖麟 등 경아전이 1778년 9월에 시사 모임을 하는 장면을 그린 그림
이다. 인왕산 모자바위帽巖 아래 있던 김순간의 저택에서 시사를 열고 그림 세 폭과 시
문 여러 편을 짓고『모암시회도』첩으로 엮었다. 큰 기와집 사랑채에서는 중인들이 모
여 담소를 나누고 거문고 연주를 들으며 술과 차와 담배를 즐기면서 바둑을 두고 시를
짓고 있다.

시사詩社를 결성하고 시회를 열어 같은 처지에 뜻을 함께하는 동인 끼리 작품활동을 하기를 선호했다. 홀로는 미약해도 함께하면 실력을 키우고 정체성을 형성하기 좋았다. 송석원시사松石園詩社를 비롯한 많은 여항인 시사가 결집된 창작의 힘을 보여주었다.

여항인의 시는 제재의 폭이 좁고 정서가 유약하며 소재가 유흥적이어서 상투적이고 가볍다는 평이 대세를 이룬다. 틀에 박힌 시어를 재생산하고 신분과 처지를 비관하는 정서를 드러냈다는 것이다. 다양하고 개성이 풍부한 사대부 한시와 견주어볼 때 틀린 평가만은 아니다. 그러나 여항인이 깊이 없는 시를 틀에 찍어낸 상품처럼 생산해냈다고 평가하는 것은 지나치다. 인생 체험과 사유의 깊이에 근거해 작품을 쓴 작가도 있다. 최승태崔承太의 「표상행漂商行」은 조선에 표류한 명나라 해상을 보호하기는커녕 청나라 조정에 보내 몰살당하게 한 사실을 읊었고, 『소대풍요』의 편자 고시언의 「관동가關東歌」는 요동 시장에서 중국 산서성 양모를 사느라 조선의 국부가 빠져나가는 현장을 목도하고 개선을 촉구했다. 현실을 직시하고 뚜렷한 주관과 역사적 전망을 가지고 시를 창작한 사례들이다. 여항인은 사대부 문단 권력을 흉내내기에 그치지 않고 자신의 존재를 표현하는 차원으로 나아가려고 끊임없이 노력했다.

노비 시인 정초부

"애비는 종이었다."

서정주 시인의 「자화상」은 슬프고 굴욕적인 자기 존재의 근본을 폭로하는 구절로 시작한다. 충격적인 고백은 독자에게 강렬한 정서를 불러일으킨다.

서정주가 말한 '종'의 실체는 일제강점기에 주인에게 경제적으로 예속된 주인과 머슴, 주인과 소작농의 계약 관계였다. 갑오개혁으로 노비제도가 철폐되기 이전의 노비와는 다른, 느슨한 주종 관계였다. 그럼에도 그의 시에서 종은 조선조 사회의 천형인 노비의 처지를 생생한 느낌으로 되살려냈다.

그러나 서정주 시에서 느끼는 충격은 노비 시인 이단전이 "나는 종놈이다"라고 거침없이 내놓고 말한 충격에 비하면 아무것도 아니다. 이단전은 스스로 노비임을 밝히고 그래도 시를 쓰겠노라고 어디서나 얼굴을 들이밀었다. 그보다 선배 노비 시인으로 정초부가 있었다. 신분은 노비, 직업은 나무꾼! 정초부는 18세기 중후반 서울에 화제를 몰고 온 유명 시인이었다.

천한 노비가 시를 쓴다? 지금 와서 그게 무슨 화젯거리냐고 의문을 표할 수 있다. 그러나 조선시대에 시를 쓰는 노비란 단지 어울리지 않는 존재가 아니라 있을 수 없는 존재였다. 그럼에도 극히 일부 '되바라진' 노비가 시를 쓰는 무모한 허세를 부린 사례가 몇몇 보인다. 고급문화의 영역을 넘본, 불온하지만 재주 있는 천민이 두각을 나타냈고, 그중 한 사람이 정초부였다.

노비 시인 두 명이 명성을 떨쳤다. 영조 시대에는 정초부, 정조 시대에는 이단전이었다.

노비 시인의 계보

조선 전기에 등장한 천민 시인으로는 김해의 관노였던 어무적魚無跡과 전함노戰艦奴였던 백대붕白大鵬이 있다. 여기에 송익필宋翼弼도 넣을 수 있으나, 그를 천민이라고 하기에는 걸림돌이 몇 가지 있다. 그 이후로는 17세기의 홍세태 그리고 18세기의 정초부와 이단전이 노비 시인을 대표한다. 안동 출신의 여종 설죽雪竹도 시인이다.

어무적과 백대붕이 남긴 작품은 열 손가락에 꼽힐 정도지만 평자들에게 높은 평가를 받았다. 그들은 노비라는 굴레를 벗어나지 못하고 박대와 굴욕을 감내해야 했다. 어무적은 아버지가 양반 사대부였으나 어머니가 관비여서 관노가 되었다. 시재가 뛰어나 「유민탄流民嘆」 「신력탄新曆嘆」 같은 빼어난 작품을 남겼다. 음풍농월하는 시가 아니라 사회를 풍자하고 세태를 비꼰 시를 다수 지었다. 1501년(연산군 7)에는 율려습독관律呂習讀官이란 직책으로 연산군에게 상소문까지 올렸으니 면천한 것으로 추정된다. 김해 수령이 매화나무에까지 무리한 세금을 부과하자 이에 분개해 「작매부斫梅賦」를 지어 관장의 횡포를 규탄했는데, 화가 난 수령이 그를 잡아죽이려 해서 도망하던 중 객사했다. 어무적은 노비의 자의식을 강하게 표출한 시인이었다.

획기적 인물은 17세기 말엽 등장한 홍세태였다. 그는 조선 후기 여항 문단의 터전을 마련했다. 부계는 전문직 중인이었고, 모계는 사노비였다. 종모법에 따라 자연스레 노비에 편입됐다. 장성한 뒤로 노비로 일하기를 거부하자 주인이 그를 잡아죽이려고 했다. 그때 막강한 권력자인 김석주金錫胄와 동평군東平君 이항李杭이 큰돈을 희사해 사지에 처한 그를 살려냈다.[1] 명성 높은 시인의 재능을 아껴서였다. 그는 이후 명문가 사대부들과 어울려 지내며 그들의 도움으로 역과譯科에도 합격하고 낮은 벼슬도 얻었다.

노비 신분에서 벗어났고 뛰어난 시재를 지닌데다 권력자와 친분도 깊었기에 그는 승승장구할 여건을 어느 정도 갖추고 있었다. 그러나 노비 출신이라는 꼬리표는 죽을 때까지 그를 따라다녔고, 심지어 사후에도 그랬다. 『승정원일기』에는 그와 관련한 많은 사건이 실려 있다. 1710년(숙종 36) 8월 23일 사헌부는 통례원通禮院인 의引儀로 재직하는 홍세태를 탄핵해 노비 신분이었던 자가 문반 관료의 자리에 앉았다고 상소했다. 사망한 뒤인 1729년 5월 5일에도 비슷한 비난이 이어지자 영조는 "천류 홍세태라고 부르는 것이 말이 되는가? 이렇듯이 사람을 모욕한다면 모면할 자가 누가 있겠느냐?"라고 두둔한 적이 있다. 영조는 유달리 홍세태를 높이 평가해 문집을 대궐로 들이라 하여 읽기도 했고, 그의 대표작으로 꼽히는 「만월대의 노래滿月臺歌」를 아주 아름다운 작품이라 칭찬했다.[2]

> 만월대 앞에는 낙엽 지는 가을이라
> 서풍 불고 해는 져서 나그네 시름에 젖네!
> 드높던 강감찬의 기상 사라진 산하에는
> 정몽주의 이름만 해와 달인 양 걸려 있구나!

개성을 노래하면 망국을 회상하는 회고조로 흐르기 일쑤지만, 홍세태는 정몽주의 절개를 읊어 웅혼한 기상을 드러냈다. 일반 사대부도 군주로부터 이 같은 평을 한 번 듣기 어렵다. 신분이 낮은 홍세태를 국왕이 칭찬한 것은 이례적 사건이었다. 1770년에는 일본 화가가 그린 홍세태 초상화를 영조가 궁궐에 들여와 어람한 일도 벌어졌다. 노비였던 자의 초상화를 임금이 열람했다 해서 조정에서 논란까지 일었다.[3]

영조가 홍세태를 두둔하고 문집과 초상화까지 열람한 데에는

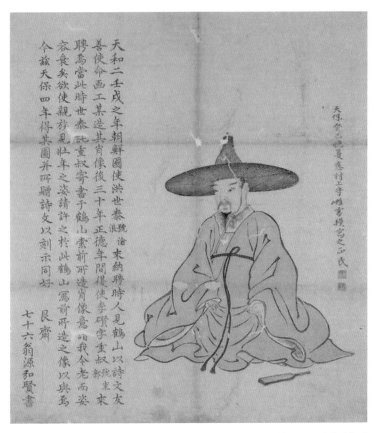

홍세태의 초상화. 일본 사가현滋賀縣 다카츠키칸논노사토高月觀音の里 역사민속자료관 소장.

이 초상화는 1682년에 히토미 가쿠잔人見鶴山이 그렸다. 1711년 홍세태의 부탁으로 이 초상화를 모사해 조선에 보냈는데 영조 임금이 그 초상화를 열람했다. 이 자료관에는 외교관 아메노모리 호슈雨森芳洲와 관련한 통신사 자료가 다수 소장돼 있다.

나름대로의 이유가 있다. 비천한 무수리 출신의 어머니를 둔 영조는 출신에 대한 콤플렉스가 아주 심했다. 제왕이라 감히 누구도 발설하지 못했으나 영조도 종모법에 따르면 천출이었다. 자연히 영조는 신분이 비천한 사람에게 연민의 감정을 품었고, 송익필이나 홍세태에게 동정적 시선을 보냈다.

정초부를 알아본 주인

홍세태를 이어 정초부가, 정조 시대에는 이단전이 노비 시인으로 명성을 이었다. 이단전의 명성을 듣고 작품을 읽어본 여춘영呂春永, 1734~1812은 그를 직접 만나보고서 "명성이 정초부와 나란히 하기에 부끄럽지 않다"[4]며 호평했다. 여춘영은 다름 아닌 정초부의 주인이었다. 여춘영의 말은 세평이 되어 사람들은 홍세태를 계승한 시인으로 이 둘을 꼽았다. 그런데 둘은 홍세태와 처지가 조금 달랐다.

홍세태가 일찍부터 노비 신분을 면하고 중인으로 활동했다면, 정초부와 이단전은 상당한 기간 동안 노비 신분을 유지한 채 시인으로 활동했다. 홍세태는 이른 시기에 면천되었기에 법적으로는 노비가 아니었고, 낮은 직책이었지만 어쨌든 관료였다. 정초부와 이단전[5]은 출신도 노비인데다 관직 근처에는 가보지도 못했다. 그들은 나무꾼과 필경筆耕 임금 노동자로 평생을 보냈다.

먼저 정초부와 주인의 관계를 살펴보자. 나는 최근 그의 주인으

로 알려진 여춘영의 문집 『헌적집軒適集』과 정초부의 시집 『초부유
고樵夫遺稿』 몇 종을 찾아냈다. 발굴한 문헌을 검토하니 정초부를 한
층 풍부하게 이해할 수 있었고, 더 많은 작품을 볼 수 있었다.

여러 기록을 검토하면 정초부가 함양咸陽 여씨呂氏 명문가의 가
내 노비였다는 사실은 분명하다. 주인 여춘영의 자는 경인景仁이고
호는 헌적軒適이다. 여씨 집안이 대대로 살던 곳은 지금의 경기도
광주시 남종면 수청리다. 수청리는 당시에는 양근현에 속했고, 우
리말로 물푸레여울인 수청탄이 여기에 있었다. 이곳은 팔당대교가
위치한 월계 부근이기에 월계로도 불렸다. 수청리에는 이 집안을
중흥시킨 영의정 여성제 대부터 터를 잡고 살던 유적지가 남아 있
다. 이 지역에는 여러 명문가가 널리 분포해 있었는데 여씨 가문도
그들과 나란히 명망을 지키며 대를 이어 문과 급제자와 쟁쟁한 명
사를 배출했다. 여춘영은 문과를 치르지 않은 채 시인으로 활동했
고, 참봉 등의 음직을 제수받았으나 한 번도 관직에 나가지 않았다.
문집으로는 『헌적집』 2책이 규장각과 후손가에 소장되어 있다. 정
초부는 이 혁혁한 명문가 소유의 종이었고, 젊은 시절 여춘영을 주
인으로 모셨다. 홍세태나 이단전은 아버지가 양인 이상의 신분이
었으나 어머니가 노비라서 노비 신분이 되었다. 그러나 정초부는
사정이 달랐다. 어느 대부터인지는 모르나 줄곧 여씨 집안의 노비
였다.

『헌적집』 「정초부 제문」에는 정초부가 1714년에 출생해 1789년
에 사망한 것으로 나온다. 여춘영보다 20세가 많았다. 제문에는

경기도 광주시 남종면 수청리 느티나무.
여춘영 집안의 고택이 있던 자리에서 촬영한 수청리 남한강 남쪽 나루터 풍경이다.
정초부가 살았던 집터 부근으로 추정되는 장소다.

"벗처럼 지내는 주인이자 한동네 사람은 실로 헌적뿐이다. 두 아들
을 데리고 큰 술잔 하나를 들고서 무덤에 찾아왔노라"라는 대목이
나온다. 자신이 주인임을 넌지시 밝히고 있다. 한마을에 함께 산 기
간이 34년이라고도 했다.

여춘영은 1789년 정초부가 76세로 사망하자 만시 12수를 남겼다.
그 가운데 "어려서는 스승, 장성해서는 친구로 지냈고少師而壯友 / 시에
서는 다만 초부뿐이었네於詩惟我樵"라는 구절이 있다. 어릴 적에는
스승으로, 커서는 벗으로 지내며 시를 함께 지었다고 밝힌 것이

다. 스무 살 연상의 정초부를 우대한 표현이다. 그러나 표현이 그렇다 하여 정초부가 노비가 아니라는 말은 아니다. 그가 신분이 낮은 노비였음은 여춘영이 그를 묻고 돌아온 길에 쓴 시 「초부를 묻고 돌아오는 길에 읊다哭樵夫葬, 歸路有吟」에서 보인다.

저승에서도 나무하는가?
낙엽은 빈 물가에 쏟아지네.
삼한 땅에 명문가 많으니
내세에는 그런 집에 나시오.

정초부는 가을에 사망한 듯하다. 여춘영은 낙엽을 보고 나무하던 정초부를 떠올리며 내세에는 그가 명문가에 태어나기를 기원했다.
여춘영은 정초부를 평생 노비로 부렸을까? 분명 그러지 않았을 것이다. 주인집에서 데리고 일을 시키는 솔거노비로 부리지는 않았으리라. 일정한 시기에 면천해주었거나, 그도 아니면 외거노비로 비교적 자유롭게 생계를 유지하도록 배려했을 것이다. 시인으로 명성이 있는 정초부를 여씨 가문 같은 명문가에서 노비로 막 부렸을 리 없다. 더욱이 세상의 존경을 받던 여춘영 같은 주인은 말할 나위 없다. 한동네에서 34년을 함께 살았다고 했으니, 정초부가 43세 되던 무렵에 면천하고 같은 동네에서 살도록 배려했으리라. 그도 아니라면 그 무렵에 외거노비로 내보냈을 것이다.
정초부의 시집 『초부유고』에는 "정초부는 이름이 이재이다. 여

씨가 노비 문권을 불에 살라 갈대울에 거주했다"라고 밝힌 기록이
보인다. 어느 때인지는 밝히지 않았으나 노비 문권을 불태운 뒤 갈
대울이란 지역에 거처했다 한다. 정초부는 장년 이후 주인에게 신
역身役을 바치는 노비 신분에서 벗어났다.

　그뿐만 아니라 여춘영은 그의 재능을 서울의 사대부 사회에 널
리 퍼트렸다. 세상이 정초부의 이름을 알게 된 것은 주인 덕분이었
다. 여춘영의 문집에는 문장으로는 제문 네 편만 실려 있고, 그 가
운데 「정초부 제문」이 포함돼 있다. 다음과 같다.

> 아아! 왕공도 사사로이 차지하지 못하고 장사도 억지로 빼앗
> 지 못하는 것이 동호東湖를 읊은 초부의 작품이 아니겠는가?
> 하늘이여! 사람이여! 이런 재주를 가지고도 늙도록 (빈천의)
> 구렁텅이에서 벗어나지 못하다니! 초부의 시가 사람이 보기
> 에는 빼어나도 귀신이 보기에는 졸렬해선가? (⋯) 초부가 처
> 음에 기운을 타고 세상에 왔으므로 반드시 다시 사물에 몸을
> 기탁하리라. 그러면 큰 산등성이에 들어가 울퉁불퉁한 나무
> 가 될까, 아니면 바닷가 산에 들어가 구멍이 숭숭 뚫린 바위
> 가 될까? 헌적이 비척비척 지팡이 짚고 가다가 범상치 않고
> 속되지 않은 바위 하나 나무 하나를 만나면 흔연히 어깨를 툭
> 치고 다시 막역한 벗이 될 것인가? 초부가 내 말을 여기까지
> 듣는다면 혹시라도 크게 한번 웃으려나! 오호라 슬프다!⁶

재능이 출중했으나 신분이 비천했던 한 시인을 향한 따뜻한 연민의 감정이 우러난 글이다. 자기 노비였던 사람에게 쓴 제문이라 생각하기 힘들다.

정초부의 시 세계

정초부는 무엇 때문에, 어떤 방법으로 시인이 되었을까? 『삼명시화三溟詩話』에서는 정초부가 시를 배운 동기를 이렇게 설명했다. 그가 어렸을 때 날마다 낮에는 나무를 하고 밤에는 주인을 모시고 잠을 자면서 주인의 글 읽는 소리를 듣고 바로 외워버렸다. 주인이 기특하게 여겨 자제들과 함께 글을 읽도록 배려했는데 학업 성장이 빨랐다. 특히 과거 시험에 필요한 과시科詩를 잘 지어 주인집 자제들이 그로부터 도움을 받을 정도였다.

황윤석 역시 『이재난고』에서 비슷한 취지로 이렇게 증언했다. 양근현에 사는 나무꾼이 본래는 종인데, 어려서부터 시를 잘 지었다. 주인을 위해 과거 시험장에 두 번이나 들어가 글을 써주어 급제를 시켰다. 주인은 그 대가로 양인으로 풀어줬다. 변재민이란 아이가 전해준 소문을 일기에 써두었다. 어디까지가 진실인지를 곧이 믿기는 어려우나 그럴 법하다.

정초부가 체계적이고 깊이 있는 학습의 기회를 갖는다는 것은 불가능했다. 이른바 천기天機로 쓴 시이지, 학문으로 쓴 시가 아니었다. 그래서 그가 지은 시는 내용이 어렵지 않고, 시어도 다양하지 않

다. 교양인이라면 누구나 배우는 당시唐詩를 숙독한 정도의 어휘량
이다. 대표작을 한두 편 보면 작품의 특징과 개성이 훤히 드러난다.

동호의 봄 물결이 쪽빛보다 푸르러서	東湖春水碧於藍
두세 마리 해오라기 한결 더 또렷하구나.	白鳥分明見兩三
노를 젓는 소리에 새들 모두 날아간 뒤	柔櫓一聲飛去盡
노을 아래 산빛만이 강물 아래 가득하다.	夕陽山色滿空潭

동대문에 들어가 나무를 팔고 양평으로 돌아가는 배 위에 있다.
옥수동 주변의 한강인 동호東湖를 지나다 봄직한 풍경이다. 멋진
그림 한 폭을 연상시키는 명작이라 시의 온전한 맛을 번역으로
재현하기가 힘들다. 원문을 읊어보면 아주 유려하여 리듬감이 살
아 있다. 거슬리는 글자나 어휘가 하나도 없어 음감이 빼어나 외
워 읊조리기에 좋다. 그가 사용한 글자는 당시에서 흔하게 쓰이는
어휘를 넘어서지 않는다. 회화적 이미지도 선명하다.

이 시는 18세기를 대표하는 서정시의 하나로 꼽힌다. 정초부가
시인이라는 것을 온 세상에 알린 작품이다. 시가 유명해져 널리
퍼지자 김홍도는 이 시를 아예 〈도강도渡江圖〉로 그렸다. 넓은 강
에 배를 띄우고 건너는 평화로운 장면을 그린 산수화로 현재 두 폭
이 전하고, 앞에 인용한 시가 그림에 적혀 있다. 그림에는 정초부의
작품이라고 밝히지 않아서 김홍도의 시로 알고 있는 사람이 많다.

서정성이 짙은 절구가 그의 장기였다. 정초부는 법적 신분이 어

찌되었든 생계를 유지하기 위해 나무를 베어 서울에서 팔았다. 당시에는 배를 이용해 양평과 가평 일대에서 동대문까지 땔감을 실어 왔다. 동대문 안에 나무 시장이 크게 섰는데 정초부도 나무꾼 틈에 끼어 있었다. 그래서 나무꾼 생활을 묘사한 대목이 시에 자주 등장한다.

> 시인의 남은 생애는 늙은 나무꾼 신세.
> 지게 위에 쏟아지는 가을빛 쓸쓸하구나.
> 동풍이 장안대로로 이 몸을 떠다밀어
> 동대문 제이교를 새벽녘에 밟고 가노라.

새벽에 나무를 지게에 지고 동대문으로 들어와 나무를 파는 고단한 삶이 서정적으로 그려졌다. 동풍이 나무꾼을 밀어 동대문으로 들어오게 한다는 표현에는 생활에 쫓겨 나무하는 시인의 심경이 선명하게 드러난다. 쓸쓸하고 맑고 고고한 정취를 그림처럼 담아낸 이 시는 그의 작품 가운데 백미다.

가난뱅이 노비의 곤궁한 생활상을 표현한 작품도 없지 않다. "낙엽 위에는 쌀을 꾸는 편지를 자주 쓴다"라는 구절이 있을 만큼 굶주림은 그의 끼니였다.[7] "한밤중에 다락에 오르니 달빛 구경하려는 심사 아니고/ 아침마다 곡기 끊으니 신선 되려는 목적이 아닐세"라는 구절은 곤궁한 삶을 완곡하게 표현했다. 굶주림을 묘사한 시 가운데는 다음 작품이 명작이다. 굶주림을 참다못해 관아에 환곡미를 얻으러 갔으나 관아 호적에는 아예 이름조차 빠져 있어 곡식을 빌리는 것이 원천적으로 불가능했다. 낙담한 그는 다락에 올라가 「환곡을 구걸하며乞糴」를 지었다.

산새는 진작부터 산사람을 알고 있건만
호적에는 아예 들 늙은이 이름이 빠졌구나.
창고에 쌓인 쌀 한 톨도 나눠 갖기 어려워
높은 다락에 홀로 오르니 저녁밥 짓는 연기 피어오르네.

노비 신분에서 외거노비로 전환되거나 면천되는 과정에서 호적에서 이름이 누락됐을 수 있다. 호적에 백성을 등재하려고 혈안이 된 조선 정부에서는 흔한 일이 아니다. 어쩌다 보니 호적에도 오르지 못해 아예 백성으로서 존재조차 없는 신세가 돼 있었다. 배고픔과 서글픔을 안고 다락에 올라 시를 읊으며 슬픔을 안으로 삭인다. 그래도 자신이 누구인지 산새는 안다는 첫 구절은 법의 보호를 받지 못하는 자의 힘없는 넋두리이자 약자의 낭만이다. 높은 다락에서 보니 집집마다 저녁밥 짓는 연기가 피어오르더라는 구절은 여유를 가장한 서글픔이다. 좌절과 절망을 완곡하게 표현한 시는 연약한 노비의 처지를 반영한다. 그의 시는 독자의 연민과 동정을 자아낸다.

18세기 여항의 아이콘

18세기 중후반 정초부는 세상이 인정하는 유명한 시인이 돼 있었다. 그가 명성을 얻게 된 시초는 여춘영의 노력이었다. 근대의 저작인 『일사유사逸士遺事』에 따르면 여춘영이 시를 잘 짓는 정초부의 이름을 서울에 널리 전해주었다고 한다. 그의 가치를 주인이 먼저 알아보고 세상에 나가 행세할 기회를 제공한 셈이다. 그리하여 양근현의 천민 나무꾼이 18세기 중반 서울에서 일약 명사로 떠올라 누구나 한 번쯤 만나보고 싶어하는 인물이 되었다. 고관부터 무지한 아이들까지도 시 잘하는 노비 정초부를 알았다.

정초부는 조정의 유명 인사와 친분을 나누는 위치까지 올랐다. 수원 부사를 지낸 김상묵은 양근현 양수리에 거주해 정초부가 사는 곳과 가까이에 있었다. 그는 노론 청류淸流 계열이었는데 정치적으로 실의했을 때 정초부와 어울려 지내겠노라고 말할 정도로 친분이 깊었다.[8] 1769년에 김상묵은 정초부와 주고받은 시를 모아 시첩 『백우초창시권伯愚樵唱詩卷』을 만들었다. 여기서 '백우'는 김상묵의 자이고, '초창'은 정초부와 시를 주고받았다는 뜻이다. 그 시권에 정조 시대 정계의 실력자인 김종수가 서문을 써주었다. 그 글에서 "백우가 '초부는 천인賤人이다. 월계가에 집이 있는데 산에 들어가 나무하여 팔아 생계를 꾸린다. 생김새가 고괴古怪하고 말이 어눌하나 이렇듯이 시를 잘한다'라고만 했다. 내가 초부의 시를 읽어보니 곡조는 깨끗하고 재주는 빼어나서 속된 기운이 거의 없다. 가끔 정신이 소탈하여 도인의 말과 닮았으니 초부는 참으로 기이한 선비다"⁹라고 했다. 김상묵의 말대로라면, 정초부는 생김새가 못생겼고 말이 어눌했다.

정초부는 노론 사대부의 폐쇄적 모임에까지 초대받았다. 현재의 서울 동숭동에 있던 이유수의 정원에서는 골동품과 서화를 비치해놓고 윤급과 남유용을 비롯해 윤시동, 유언호 등 정승 판서를 지낸 고위 관료 13명이 운치 있는 모임을 자주 가졌다. 이른바 동원아집東園雅集이라는 시회였다. 회원 모두가 명사였다. 여기에 격에 안 어울리게 정초부가 여러 번 초빙되어 시를 주고받았다.¹⁰ 이 성대한 모임을 기념하기 위해 그려진 〈동원아집도東園雅集圖〉에는 패랭이를 쓰고 도롱이를 입은 채 구부정하게 대청 아래에 서서 시를 바치는 수청초부水靑樵夫 정일鄭逸이 그려져 있다. 다름 아닌 물 푸레여울 정초부였다. 정일은 정초부를 일사逸士로 높여서 표기한 것이다.

동원아집의 구성원들은 영조 말엽에 비타협적이고 강경한 정치 노선을 따르던 노론 청류 사대부였다. 이들은 다른 당파와 탕평하기를 거부하고 노론의 정치적 의리에 따라 정국을 운영해야 한다는 독선적 노선을 내세웠다. 나중에 정조 때는 벽파僻派로 재편되어 막중한 세력을 형성했다. 정초부야 그런 정치적 문제와 무관했으나 엉뚱하게도 모임에 초빙되었다. 우연으로 치부할 일이 아니다. 동원아집의 청류 이미지를 부각하는 데 노비 신분에 시를 잘 짓는 정초부의 위상이 도움이 되었다.

당파와 정치색에 상관없이 정초부와 교유하고자 한 인물은 많았다. 서울 지식인 사회에 퍼진 유명세 탓에 정초부는 현재 팔당댐 부근인 월계의 상징으로 떠올랐다. 1761년 영릉 참봉으로 재직하던 신광수 같은 뛰어난 시인도 "나무꾼 정봉이 월계에 산다 하니/ 강호에 명성이 높아 한번 만나보고 싶네"라며 시를 써주었다. 그러나 정초부는 아예 자신의 이름을 숨겼다. 그의 심경과 처신이 「과객에게贈過客」라는 시에서 드러난다.

강가에 있는 나무꾼 집일 뿐
과객 맞는 여관이 아니라오.
내 성명을 알고 싶다면
광릉에 가서 꽃에게나 물으시오.

어떤 과객이 정초부의 명성을 듣고 집을 찾아왔다. 정초부는 명성을 과시하기는커녕 오히려 감추며 광릉에 핀 꽃에 물어보라고 말했다. 답을 피하는 정초부의 의식은 대단히 소극적이다. 이단전이 적극적으로 노비임을 밝히고 활달하게 헤쳐나간 태도와 상반된다. 그는 몸을 사리고 움츠러들었다.

정초부의 명성은 전국에 널리 퍼졌다. 지방 사대부까지 그의 명성을 흠모해 사귀고자 했다. 경상도 상주의 저명한 문인 이경유는 정초부에게 편지를 길게 써서 사귀고 싶다는 뜻을 전했다.

1844년경 82세의 조수삼은 정초부를 언급하며 "500년 문명이 영·정조 때에 꽃피웠으니/ 나무꾼과 농사짓는 여인네까지 시를 잘 지었네"[11]라고 했다. 문화 권력을 신분이 낮은 사람들이 나눠 가지려는 시도는 18세기 문화 현상의 하나였고, 그 전형적 사례가 바로 정초부였다.

3부

도회지 골목 사람들

남휘와 비구니,
금기를 깬 연애 시대

◆

　서울은 기성 질서와 전통을 벗어나 주체적으로 욕망을 발산하며 살고 싶어하는 젊은 세대에게 해방의 공간이었다. 자유로운 연애에 대한 욕망은 그중 하나였다.

　조선시대 사회의 관습과 전통은 젊은 남녀의 자유연애를 허용하지 않았다. 그러나 보편의 감정은 금기에 맞선다. 18세기 서울에서 크게 유행했던 애정가사 「승가僧歌」 세 편에는 금지된 연애 실화가 깔려 있고, 젊은 도시 남녀의 욕망이 표출돼 있다. 이 작품이 출현하고 유행한 현상에서 20세기 이후 들어서야 가능했던 자유연애의 싹이 보인다.

자유분방한 귀공자 남휘

서울 명문 사대부 남성 남휘와 한 여승이 주고받은 「승가」란 가사가 있다. 가사는 한글로 썼다. 1690년대에 지어진 이 작품은 순식간에 서울과 전국에 퍼져 20세기 초까지 남녀의 솔직한 사랑을 표현한 애정가사의 대표작이 되었다. 「승가」는 상업도시 속 청춘남녀의 애정 방정식을 흥미롭게 보여준다.

연애 사건을 일으킨 남휘는 문무를 겸비한 재사이자 큰 부를 축적한 전설적 인물이다. 정묘호란 때 청나라 군대와 싸우다 전사한 명장 남이흥의 증손자이고, 조부는 남두추, 부친은 남징이다. 혁혁한 무반의 후예로 외아들이었던 그는 20대 초반에 벌써 권무청勸武廳 부장部將과 의금부 도사都事에 추천되었다. 조정에서는 장래의 대장감으로 기대했다. "남휘는 용맹과 지략이 있고, 의기를 좋아했다"는 평을 들을 만큼 무인의 자질을 소유했고, 호방한 기질을 보였다.

그러나 남휘 자신은 무인의 길을 마뜩하지 않게 여겼다. 『승정원일기』에는 그가 부장으로 추천되고도 거부한 행적과 강권에 마지못해 숙종에게 감사의 절을 올린 이후 출근하지 않아서 유배된 사건이 나온다. 1693년과 다음해에 이어진 남휘의 무반직 거부는 조정 대신들 사이에 화젯거리였다. 10년 뒤인 1703년 병조판서 이유는 문학에 빠져 무인의 길로 돌아오지 않는 남휘를 지략과 용맹을 갖춘 장군감으로 지목하며 무반직에 임용하라고 숙종에게 건의했다. 조정에서 이렇게 여러 차례 시도했음에도 남휘는 거부했다. 남휘는 20, 30대에 자신에게 주어진 꽃길을 내팽개칠 만큼 당당하고 자신감에 차 있었다. 관직 경력은 1705년 무렵 의금부 도사와 내승內乘을 맡은 것에 그쳐서 후대에는 남도사南都事로 불렸다.

무인의 길을 포기한 남휘는 시문 공부에 전념해 1708년에 생원 진사시에 급제했다. 함께 진사시에 붙은 명사에는 이하곤, 안중관이 있었고, 생원시에는 남극관이 있어, 이들과 교분도 쌓았다. 남휘는 『시과詩課』를 비롯해 과거를 볼 때 짓는 시인 과시科詩 선집에 글이 여러 편 실릴 만큼 문학에 재능을 보였다.[1] 그렇다고 해서 남휘가 문인의 길을 최종 인생행로로 선택한 것은 아니다.

어느 시점인지 명확하지 않으나 남휘는 경영에 힘써 거부로 변신했다. 무인에서 문인으로, 양반에서 상인으로 변신한 것인데 이는 대단히 파격적인 행보였다. 양반 명문가 출신은 경영에 손대지 않는 처신이 상식이었다. 남휘는 드러내놓고 경영에 적극적으로 나섰다. 특히 대표적 치부 방법인 대부업으로 큰돈을 벌었다. 다음 기록을 보자.

남도사는 만년에 경영을 잘해서 직접 만금의 재물을 장만했다. 언젠가 삼강三江의 주민에게 수천 꿰미의 돈을 대부해주었다. 약속한 기일이 되어 노비를 보내 빚을 갚으라고 독촉했을 때 노비가 돌아와 결과를 보고하면서 저도 모르는 새 실소를 터뜨렸다. 이상하게 여겨 이유를 물었더니 노비가 이렇게 말했다. "새벽에 아무개 집에 갔을 때 아직 이른 시간이라 동정을 엿들었지요. 그 부부가 한창 방사를 치르는 중에 아내가 '좋지요?'라고 묻자 남편이 '몰라!'라고 대꾸했습니다. 아내가 '왜 좋지 않아요?'라고 묻자 남편이 '오늘 아침 남도사 댁에서 필시 빚을 독촉할 터라 좋은 줄을 모르겠소'라고 답했답니다." 이야기를 듣고 남도사가 바로 채권을 가져다 불에 던지고 말했다. "남녀의 정욕은 인간의 지극한 즐거움인데 내가 독촉해서 저토록 즐겁지 못하게 만들었구나. 내 어찌 수천 꿰미의 돈을 아껴 사람의 조화로운 기운을 손상하랴!"[2]

남도사는 다름 아닌 남휘다. 상업의 중심지였던 마포(삼강은 마포의 이칭이다)에서 주민에게 돈 수천 냥을 대부해주었다가 어음을 그냥 불태웠다. 명문가 출신 호부豪富 남휘의 호방한 인간미를 드러내는 일화다.

남휘는 우리가 상상하는 양반 사대부와 매우 달랐다. 대장 자리를 스스로 팽개친 것이나 국왕의 명도 거역하고 임명직에 나가지 않은 것, 가문의 전통을 깨고 시문을 배워 생원진사시에 급제한 것, 그리고 직접 대부업을 해 거부가 된 사실은 하나같이 관습과 전통을 무시하고 내키는 대로 행동한 당돌하고 자유분방한 처신이었다. 그는 서울 도회지 분위기에서 성장한 젊은이의 한 전형이었다.

남들 보기에 남휘는 20대의 방종한 젊은이로, 호걸로 보였다. 임천상은 "소싯적에는 방탕하게 놀기를 즐겨서 행동을 절제하지 않았다"고 했고, 그가 파계시킨 비구니는 그를 "계양호걸桂陽豪傑"[3]이라 불렀다. 남휘 자신도 "세상에 갓 쓴 사람 나뿐이라 하랴마는 문무겸전文武兼全 호걸 선비야 우리밖에 또 있느냐"(『해동유요』본 「자답가」)라고 자부했다. 남휘는 호걸다운 남아였다. 우연히 마주친 여승에 반해 거침없이 사랑을 토로하고 유혹해 평생을 함께 살 만한 위인이었다.

비구니에게 사랑을 고백하다

명문가 귀공자 남휘는 20세를 조금 넘긴 나이에 우연히 한 비구니를 만났다. 두 사람이 만난 때의 나이는 「승가」 사본에 따라 들쭉날쭉하다. 한 사본에서 비구니는 "광음光陰을 헤아리면 삼칠三七이 전년前年일쇠"라고 하여 22세임을 밝혔고, "'나이는 몇이나 되었소' '이팔올시다' '내 나이도 십팔이거니와'"(『악부』 「승가타령」)라고 하여 18세로 돼 있는 사본도 있다. 대략 20세를 조금 넘긴 1692년 어름으로 좁혀진다. 한창 장래가 기대되는 무인으로 남휘가 조정에서 번갈아 추천받던 시기였다.

남휘는 어떤 일로 서울을 벗어나 양평 쪽으로 외출했다. 서울로 돌아오기 위해 말을 타고 현재의 팔당대교 부근인 월계를 지나고 있었다. 광나루와 살곶이다리를 거쳐서 동대문으로 들어갈 셈이었는데 현재의 하남시 닭바위 앞에 이르렀을 때 혼자서 길을 가는 비구니를 보았다. 힐끗 보니 헌 누비옷 사이로 고운 자태가 눈에 들어와 호걸의 마음이 흔들렸다. 남휘가 말에서 훌쩍 내려 말을 걸자 비구니는 당시 예법에 따라 허리를 구부려 인사했다. 성명을 물어보니 도봉산의 이름 있는 사찰 망월사에 머무는 비구니였다. 한강가로 뻗은 길에 두 사람을 빼놓고는 아무도 없었다. 「승가」에서는 두 사람이 만난 첫대목을 다음과 같이 묘사한다.

어와 보완지고 저 선사 보완지고
반갑기 그지없고 기쁘기 측량없네.
여자의 고운 얼굴 남자 복색 무슨 일고
저렇든 고운 양자樣子 헌 누비에 싸인 거동
십오야 밝은 달이 떼구름에 숨었는 듯
눈 속에 밝은 달이 노송지老松枝에 걸렸는 듯
구름 같은 머리털을 무슨 일로 문전 두고
육칠월 원도밭에 돌수박이 되었는가.
대모단 족두리를 무슨 일로 마다하고
조항목 핫고깔을 줄 고르게 누벼쓰고.
—『고시헌서古時憲書』4

이 노래는 비구니를 처음 보고 느낀 남휘의 설렘과 흥분을 표현했다. 아름다운 여인을 만난 기쁨을 표현하고 그가 비구니가 된 처지를 연민한다. 여승이 된 동기를 묻자 비구니는 부모를 잃은 뒤 머리를 깎고 중이 되었노라고 대꾸했다. 남휘는 "용모의 곱고 밉기 치장으로 달라지랴마는/ 저런 꽃다운 용모 허송하니 그 아니 아까

123

운가?"라며 환속하여 행복하게 살라고 권했다. 긴 시간 함께 길을 걷다가 마장동에 이르러 비구니는 "평안히 행차하오/ 후에 다시 보사이다"라는 인사말을 남기고 훌쩍 가버렸다.

집에 돌아온 남휘의 눈에는 비구니의 모습이 자꾸만 어른거렸고, 보고 싶은 마음에 가슴에는 불이 났다. "짝사랑 외즐김"의 병에 걸려버린 남휘는 한동안 끙끙 앓다가 연모의 정을 토로한 편지를 쓰기로 작정했다. 격식을 갖춘 서간으로 해서는 안 되겠다 생각해 비구니도 쉽게 읽을 수 있고, 감정을 잘 드러낼 수 있는 한글 가사로 썼다. 내용인즉 환속하여 자기와 살자는 것이었다.

남휘로부터 사랑을 고백하는 편지를 받은 비구니는 번민에 빠졌다. 비구니도 남휘가 싫지는 않았기에 "섭섭한 내 마음이 없다 하면 거짓말"이지만 그렇다고 이미 불문에 귀의한 처지에 한 남자의 첩이 되어 살지는 못하겠다고 하며 자신을 잊어달라는 답장을 보냈다. 남휘는 양반가의 스무 살 넘은 남자이니 당연히 양반 신분의 본부인이 있었다. 신분이 낮은 비구니는 첩이 되는 것이 당시 관습이었다. 비구니의 답장 역시 한글 가사였고, 끝 대목은 이렇게 마무리된다.

세상 인연 미진하여 환속을 하올진들
노둔한 재질로 첩의 도리 어찌하며
미열迷劣한 인사로 남의 시앗 되어 살까.
의술을 내 알던가 병환을 어이 알며

약명을 모르거든 남의 목숨 살려낼까.

날 같은 사람일랑 다시 생각 마르소서.

—『해동유요』

완곡한 듯하나 단호한 거절이었다. 본부인과 화목하게 살 자신이 없고, 남의 첩 노릇은 못 하겠노라며 잊어달라 했다. 거절의 편지를 받은 남휘는 포기하지 않고 다시 편지를 보냈다. 당신의 말도 옳기는 옳으나 나도 왜 이다지 당신이 그리운지 모르겠다며, 고적하게 비구니로 고생하느니 나와 함께 살면 온갖 부귀영화를 누리게 해주마고 다짐했다. 편지를 마치면서 남휘는 "아마도 살인자殺人者는 사死라 하니 나 죽으면 네 알리라!"라고 허락하지 않으면 나는 죽을 것이고 나 죽으면 너도 죽게 되리라고 을러댔다.

아슬아슬한 편지를 받은 비구니는 고민을 거듭하다가 마침내 함께 살겠다고 허락하는 답장을 보냈다. 편지의 마지막 대목을 보자.

이리하여 어이하리 도로혀 풀쳐혜라.

부생모육하여 이내 몸 길러내어

무남독녀 외로울사 금의옥식錦衣玉食 치시더니

부모의 은덕인들 그 아니 생각하며

장부의 은덕인들 또 아니 돌아볼까.

한 몸을 돌아보며 후사를 생각하니

장부일언丈夫一言은 천년불괴千年不壞라.

여러 말 다 버리고 일언에 결決하나니

믿나니 낭군이요 바라나니 후사로다.

한 몸 바치나니 하실대로 하소서.

—『전가보장』본「승우답」

대장부 한마디는 천년이 지나도 변치 않을 것이므로 여러 군말 하지 않고 결정하겠다, 당신만 믿고 내 몸을 당신에게 바치겠다는 허락이었다. 길에서 우연히 만나 한눈에 반한 여인을 드디어 남휘 는 소실로 들였다. 족보에는 남휘가 서녀庶女 세 명을 둔 것으로 나 오므로 비구니 소생으로 보인다. 남휘와 비구니는 이렇게 연정을 담은 가사를 편지로 주고받으며 결국 부부가 되었다.

연애하는 마음

남휘와 비구니는 세상의 따가운 시선에는 아랑곳하지 않고 사 랑에 맹목적으로 헌신했다. 이들의 사랑은 서울에서 모르는 사람 이 없을 정도로 널리 알려졌다.

「승가」의 사랑은 뜨겁고 역동적이다. 남휘는 사랑의 열병을 적 극적이고 직설적인 방식으로 표현했다. 남녀 간의 사랑을 은유적 으로 은근하게 표현하거나 에둘러 넌지시 묘사하는 일반적 경향을 따르지 않았다. 「승가」는 사랑에 빠진 사람의 들뜬 언어로 가득하 다. 『해동유요』본 「승가」는 "어와 보완지고 저 선사님 보완지고/ 반

126

갑기도 그지없고 기쁘기도 측량없네"로 시작해 첫머리부터 격정적 사랑을 표현했다. "우연히 만나보고 공연히 죽게 되면/ 이것이 뉘 탓일고 불상토 아니한가/ 대장부의 한목숨을 살려낸들 어떠하리"라며 상사병에 죽을 지경이니 목숨만 살려달라고 애걸했다. 또 "아마도 선사님 만나 운우정雲雨情을 맺게 되면/ 약 아녀도 나으려니 선사님 덕이 될까 하노라"(「자답가」)라고 하여 성적인 내용까지 직설적으로 표현했다.

남휘가 직설적으로 구애했다면, 비구니는 멈칫하고 갈등하면서도 사랑에 흔들리는 감정 상태를 그대로 보여주었다.

심중에 품은 회포 있었던지 없었던지
공연히 이별하고 불당에 돌아오니
섭섭한 이내 마음 없다 하면 거짓말이
무단한 일봉서一封書는 어디로서 왔단 말고.
반기는 듯 떼어보니 못 잊는 정이로다.
은근한 깊은 뜻은 감격도 하거니와
중더러 하신 말씀 행여 아니 남 알게고
수답手答을 알외리라 붓 잡고 앉은 말이
심신이 황홀하여 무슨 말씀 아뢰려니
무정타 하실 줄은 나도 짐작하였거니.

—『해동유요』

못 잊는 정을 담은 연서에 감격하며 황홀해하는 젊은 여성의 감정이 숨김없이 나타나 있다. 속세를 떠난 여승의 처지라 주변의 시선이 두렵지 않은 것은 아니나 남성을 향해 자연스럽게 돋아나는 설렘의 감정이다.

당시 누구도 이렇게 직설적으로 사랑의 감정을 표현해보지 못했다. 「승가」는 누구나 가지고 있을 사랑의 감정을 대신 충족해준 작품이었다. 사랑의 대상이 평범하지 않은 점에서 더욱 그랬다. 남자 편에서는 아내가 있는 양반 남성이, 그것도 20대 젊은 남성이 비구니를 상대로 구애했고, 여자 편에서는 비구니가 신앙도 버리고 남의 시선도 아랑곳하지 않고서 사랑에 굴복했다. 어느 쪽이나 금지된 사랑이었다. 그럼에도 불구하고 두 사람의 결합은 사랑이 승리한다는 쾌감과 환상을 독자에게 선사했다. 대범하면서도 적극적인 남성의 구애와 주저하면서 사랑을 받아들이는 여승의 태도가 선명하게 상반된 점도 「승가」의 흥미 요소였다.

부귀영화의 유혹

「승가」에 표현된 사랑은 20대 젊은 유부남이 첩을 얻는 과정에서 발생한 사랑이다. 직설적이고 강렬한 표현이 두드러진 것은 이런 특수한 조건에도 원인이 있다. 여기에 현세적 욕망과 행복의 추구가 강하게 나타난 점은 무욕과 검소를 지향하고, 자연스러움과 탈속을 추구하는 사대부가사와는 인생관과 지향점이 상당히 달랐다.

「승가」는 오랫동안 금욕주의 인생관을 지속해온 사대부 문학과는 전혀 다르게 성적, 물질적 욕망을 정당화하고 긍정했다. 연애 자체는 낭만적이면서 남녀의 결합은 물질적이었다. 「자답가」에서 남휘는 이렇게 권유한다.

> 아름다운 남편 얻어 자손이 만당滿堂하면
> 부모의 넋이라도 그를 아니 무긋길가.
> 고사리 삽주 나물 맛이 좋다 하거니와
> 염통산적 양볶이와 어느 것이 나을손가.
> 모밀잔의 비단끈을 종요롭다 하거니와
> 원앙침 호접몽이 어느 것이 좋을손가.
>
> —『해동유요』

멋진 남편을 얻어 자손을 많이 두면 돌아가신 당신 부모님도 좋아할 것이다. 절에서 먹는 푸성귀도 맛이 좋기야 하겠지만 염통산적이나 양볶이 같은 고기 요리만 하겠는가? 혼자 지내는 것보다 신혼의 단꿈이 훨씬 더 낫지 않은가? 남휘는 물질적이고 현실적인 쾌락으로 비구니를 설득했다. 비구니가 남휘의 구애를 받아들인 데 낭만적 사랑이 없지는 않으나 현실적 부귀영화를 약속하는 유혹에 넘어간 면도 있다.

그들의 애정은 추상적 은유적 방식이 아니라 구체적인 물질을 통해 표현되었다. 비구니를 유혹하며 "백년 인생 동안 화려한 내 집에서 살게 하리니"(이현급李賢伋의 시)라고 했다. 또한 온몸을 화려하고 비싼 장신구와 의복으로 치장해주마고 약속하며 한평생 고대광실 집에서 살게 할 것이고 아들딸 잘 낳아 평생 행복을 누린 뒤 죽으면 장사를 화려하게 치르고 제삿밥을 잘 먹게 해주겠다고 했다. 그 약속은 현세적이며 물질적이다.

남휘는 비구니에게 "착하고 어진 배필 가리고 고쳐 골라/ 글 잘하고 활 잘 쏘는 양반 서방 맞이고저"라고 했다. 즉 좋은 남자를 고르려거든 글 잘 하고 활 잘 쏘는 양반이며 부자인 자기를 고르라고 유혹했다. 좋은 조건을 다 갖춘 자기를 선택하라는 말이다. 부모를 잃은 고아로 비구니가 된 여성에게 어쩌면 그 유혹은 치명적이지 않았을까. 이 가사는 신데렐라 이야기의 전형적 구조를 보인다. 하층민 여성에게는 현실에서 이루기 힘든 꿈을 대리 충족시켜주는 마력이 있었으리라.

게다가 부귀한 남성이 당신 아니면 죽겠다고 적극적으로 구애하여 "사람 목숨 살려내야 그게 바로 부처이니/ 대장부 나의 병이 깊은 사정을 살펴주오"(이현급의 시)라고 말하며 사랑을 애걸복걸하기까지 했다. 이런 사랑이 가상이 아니라 실화였다. 대중은 환호했다.

사대부사회에서는 사랑과 혼인에 물질이 개입하는 것을 천박한 풍속으로 여겼다. 대다수 문학작품에는 그렇게 묘사되어 있다. 그러나 이는 허울 좋은 구두선일 뿐 현실에서는 상황이 달랐다. 이 작품은 화폐가 힘을 발휘하는 18세기 서울의 경제적 현실과 시정의 연애를 충실하게 담아냈다.

18세기적 사랑의 파장

「승가」는 폭발적 인기를 누리며 전국으로 퍼졌다. 1781년에 유만주는 「승가」는 "서울 안 광대나 기생이 다들 전해 부르는데 중국의 잡극雜劇과 같다"[5]는 기록을 남겼다. 「승가」는 18세기 이후 20세기까지 나온 수많은 가집에 다수 실려 있어 유만주가 증언한 바와 같이 인기 있는 레퍼토리였음을 알 수 있다. 동시대 사대부 문인까지 이 노래를 소재로 각색해 새로운 작품을 창작했다.

이현급이 지은 작품부터 살펴본다.[6] 대략 1730년대와 1745년 사이에 이현급은 「노래를 지어 비구니를 꼬이다作歌招女僧」를 지었다. 「승가」를 남휘의 시각에서 과거 시험용 형식인 과시科詩로 개작했다. 개작의 방향은 흥미롭게도 물질적이고 현실적인 행복에 대한 약속이다. 화려한 저택에서 아들딸 낳고 행복하게 살도록 해줄 것이며, 좋은 비단옷을 입게 해주겠다는 말로 상대를 유혹했다.

첩첩산중에 있다며 산문을 닫아걸지 마시오.
백년 인생 동안 화려한 내 집에서 살게 하리니.
아들 낳고 딸 낳는 삶이 성인의 가르침이니
여래의 새 법려인 그대는 다가오라.

가사를 한강 물의 낡은 배에 띄워 보내면
치마를 새로 짠 강남의 모시로 해주리라.

부귀영화를 누리게 해줄 테니 환속하여 자기에게로 오라며 물질적 유혹을 앞세웠다.

이현급 이후 서명인은 1759년에 「남도사십해」 3부작을 지었다. 작품 앞에 붙은 소서小序에서 서명인은 "풍류남아 남휘가 곱상한 여승을 우연히 만나 월계에서 지은 노래가 온 서울에 유명하였다. 남휘의 노래는 남성이 화자이나 여기에서는 거꾸로 여성의 처지에서 지었다"라고 밝혔다. 흥미롭게도 이현급과는 반대로 여성을 화자로 설정했다. 전체 10수 가운데 첫째 수와 여덟째 수는 다음과 같다.

아! 우리 남도사님은
글도 잘 하고 활도 잘 쏘시네.
월계 아래에서 서로 만나니
물은 흘러가도 애정은 끝이 없어라.

두미골은 점차로 멀어가고
눈앞에는 망우리가 가로놓였는데
그리움 등에 지고 한 치 한 치 돌아올 때
석양볕은 옷깃에 쏟아지네요.

멋진 남성과의 첫 대면과 헤어진 뒤의 설레는 마음이 서정적으로 표현되었다. 작품은 대체로 구애를 받아들여 변심하지 않는 사랑을 다짐하는 내용으로, 서명인은 「승가」나 이현급 시의 물질적이고 현실적 구애와 달리 비구니의 낭만적 애정 심리를 담으려 했다. 여성을 화자로 내세운 시의 전통적 애정 표현에 더 가깝다.

「승가」는 상층 하층을 가리지 않고 서울 사람들에게 두루 인기를 누렸다. 시조로 널리 불려 각종 시조집이나 잡가집에 실리기도 했다.[7]

『춘향전』에 등장하다

이전에는 사랑을 이렇게 절절하게 직접적으로 고백한 가사를 찾아보기 어려웠다. 정철의 「사미인곡」「속미인곡」같이 남성이 여성 화자가 되어 군주를 향한 사랑을 고백하는 연군가사가 있을 뿐이다. 「승가」는 본격적으로 남녀 간 사랑의 감정과 이 마음이 오가는 과정을 당시 한국인의 입말로 표현한 거의 최초의 가사였다.

더욱이 「승가」는 사랑의 감정을 막연하게 표현하지 않았다. 이성에게 적극적으로 애정을 고백하고 사랑을 받아들여달라고 갈구했다. 사랑을 표현하는 데 인색했던 사대부 문학에서는 보기 힘든 혁신이었다. 귀족 문학에서 금기시하는 대표적 주제를 「승가」는 거리낌없이 표현해 도회민의 욕구를 채워주었다.

부모의 명이나 중매를 거치지 않고 자발적 애정으로 구애하는 애정물은 동시대에 나온 김만중의 『구운몽』에서도 일부 묘사되었다. 그러나 실화가 아닌 소설이었고, 환상 세계에서 벌어진 사랑이라 실재감은 부족했다. 18세기 서울의 현실 공간에서 벌어진 자유연애를 생생히 묘사한 작품은 「승가」보다 100년 뒤에야 나온 이옥의 전기소설 「심생전沈生傳」을 겨우 꼽을 뿐이다.

「승가」는 18세기 이후 자유연애와 애정의 서사물에 하나의 모델이 되었다. 도덕과 윤리를 중시하는 보수주의자에게 「승가」는 미풍양속을 해치는 좋지 않은 문학이었으나 도회적 사랑을 꿈꾸는 이들에게는 그 반대였다. 그 점에서 전근대에 신분을 초월한 사랑을 담은 이야기의 대표격인 『춘향전』과 견줄 수 있다. 유진한柳振漢이란 문인은 춘향의 사랑 이야기를 1754년에 장편 한시로 각색했는데 결말 대목에서 갑자기 「승가」를 꺼낸다.

> 의령 남씨 진사가 여승에게 준 노래에서는
> 어느 해 두미에서 만나 백년가약 맺었건만
> 마음이 미쳐 여색을 좋아한다 세상에서 비난하며
> 백비伯嚭처럼 참소하니 뜻밖이라 하겠구나.[8]

춘향과 이도령의 사랑이 지닌 의의를 평가하는 자리에 남휘와 비구니의 사랑을 가져다 함께 평가했다. 왜 그랬을까? 아마도 18세기 중반 신분을 초월해 자유롭게 연애한 전형적 사례가 「승가」였기 때문일 것이다. 춘향과 이도령의 사랑 역시 부귀한 남성이 관기의 딸을 열렬히 사랑하는 이야기이니 비슷한 점이 많다.

이 시에서 백비는 남을 헐뜯기로 유명한 중국 고대 인물이다. 세상에서는 남휘와 비구니의 사연을 듣고 마음이 미쳐 여색을 좋아한다고 남휘를 헐뜯는다는 말이다. 유진한은 그렇게 비난하는 태도가 뜻밖이라며 남녀 간 사랑의 위대함을 긍정했다. 자유연애를 보는 이 시대 도회민의 관점에 서서 남휘와 이도령을 본 것은 일종의 자유연애 찬가라고 해야 할 것이다.

흥미롭게도 『춘향전』과 「승가」가 이렇게 연결된다. 『춘향전』이 본 한 곳에는 춘향과 이도령이 첫날밤을 보내며 주거니 받거니 노래를 부를 때 「승가」 세 편을 노래하는 장면이 등장한다. 이도령은 남휘의 가사를, 춘향은 비구니의 가사를 부른다. 이도령이 세번째 노래를 부르고 나니 춘향이 "그 승년이 휘어박히기도 쉽소. 글은 아니 배우고 이런 소리는 어디가 배웠소"라고 한다. 이도령은 이렇게 답한다. "이애 춘향아. 내가 만일 그자가 되고 네가 만일 여승이 되어 이렇듯 애걸하되 종시 허락 아니하면 기가 막혀 죽으려니. 너도 나를 무수히 졸랐느니라."⁹

윤기가 묘사한
상업도시 서울의 음지

　도시화와 상업화를 거치면서 서울은 활력이 넘치고 발랄하고 역동적인 도시로 변했다. 동시에 빈부격차 같은 여러 가지 사회문제가 생겨났다. 부와 활력을 구가하며 발랄하게 생활하는 계층이 있는 반면, 극빈 상태에 허덕이는 도시민도 있었다. 후자에 속한 문인은 도회의 음지를 부각한 시문을 곧잘 지었다. 무명자無名子 윤기尹愭는 그런 시각으로 서울의 실상을 묘사한 문인이다.

　윤기는 18세기 중후반과 19세기 전반에 활동했다. 서울 토박이로, 한평생 서울 밖으로 거의 나가지 않았다. 남인 양반 사대부에 만년 성균관 학생, 빈한한 선비, 늦깎이 문과 급제자가 그의 간단한 이력이다. 윤기는 비주류 양반으로 가난한 도회민의 삶을 영위하면서 서울의 생활과 풍속, 세태를 즐겨 묘사했다. 18세기 서울을 보는 그의 시각은 주로 냉소적이고 비판적이었다. 화려한 서울의 그늘에 드리운 음울하고 어두운 도시상이 그의 문학 주제였다.

서울의 세태 비평가

윤기는 다작가였다. 성균관의 이모저모를 읊은 「반중잡영泮中雜詠」220수와 한국사를 읊은 「영동사詠東史」 600수, 중국사를 읊은 「영사詠史」 400수를 지었다. 대규모 연작시 외에도 체험과 견문, 감회를 읊은 서정시를 많이 지었다. 산문도 14책 분량에 이른다.

윤기는 고립된 상황에서 스스로 정한 목적에 따라 글을 썼다. 주로 비평적 글쓰기를 했다.[1] 문체는 평이하고, 기교나 형식에 큰 비중을 두지 않아 멋스럽고 경쾌한 취향이나 웃음기 있는 장면, 익살, 위트가 거의 보이지 않는다. 같은 시대를 산 백탑시파 시인이나 서명인의 문학에 두드러진 도시풍의 세련된 감각이나 정서가 없다. 세태 비평이 윤기 문학의 특징이다. 그는 문예 자체보다도 세태를 폭로하고 사회 실상을 드러내는 창작에 더 큰 비중을 두었다. 비평 대상은 도회지 시민의 '일상생활'이었다. 서울에서 벌어지는 비루한 현상과 그 속에서 삶을 영위하는 도회민의 인정세태를 다루었다.[2] 그는 풍부한 현실 체험과 날카로운 눈으로 18세기 후반의 복잡하고 난해한 서울이란 텍스트를 그만의 언어로 읽어냈다.

옛날풍의 염정시 「염체艶體」 10수에서는 동시대 여성 심리를 생동감 있게 표현했다. 그중 제4수와 제10수를 차례로 든다.

초라한 밥상이나마 힘들게 차려
서방님 기다리며 밤늦도록 앉았건마는
어데서 술에 취해 돌아와서는
입에 맞지 않는다며 발끈 화내네.

동서들 나지막이 나를 불러서
골패로 내기하며 놀자고 하네.
"서방님이 지금 봄옷을 재촉하니
내일일랑 꼭 한판 놀아요."

서울 여염집의 내밀한 가정을 엿본 듯한 현장감과 말씨가 살아 있다. 고전적 여성상을 대담하게 벗어나 동시대 여성의 생활상을 르포처럼 그렸다.

고립된 서울내기

윤기는 서울에서 나고 자란 서울내기였다. 증조부 윤취리가 문과에 급제해 양양 부사를 지낸 이후로 조부와 부친이 관직에 진출하지 못했다. 당파로는 남인이었다. 윤기는 창작에 재능을 보였으나 과거 시험에서는 불운의 연속이었다. 33세에 생원시에 합격해 51세에 문과에 급제했다. 거의 20년 동안 극빈의 성균관 유생생활을 꾸려나갔다. 문과에 급제한 뒤로 서울과 지방에서 한직을 몇 차례 맡았으나 직책을 제대로 수행하지 못했다. 제일등 양반이 아닌 군중 속 한 사람일 뿐이라고 윤기는 자조했다.[3]

친구도 많지 않았다. 세력을 잃은 남인 문사 몇 명과 겨우 친분을 유지했다. 윤기는 자주 넋두리처럼 고독한 처지를 토로하여 "남들도 날 찾지 않고 나도 남을 찾지 않으니/ 가지도 오지도 않은들 무어 해로우랴./ 때때로 사립 앞을 막대 짚고 거닐다/ 우두커니 구름 낀 하늘 슬피 바라보노라"[4]라고 했다. 그를 찾은 이 가운데 노비 시인 이단전이 있었다. 마당발이었던 그의 방문을 받고서 윤기는 "세상에는 여태 나를 알아주는 이 없더니/ 도성 안에 도리어 그대 같은 사람 있네"[5]라며 반겼다.

양반에게 고립은 출세를 위한 인맥 형성에 실패했음을 뜻한다. 당맥黨脈과 학맥과 인맥은 사회활동, 학문과 문학활동의 필수 조건이었다. 그가 "천하에 쓸모없는 사람이라"[6]고 한탄을 내뱉은 이유다.

경제 상황은 최악이었다. 경기도 통진에 농토가 조금 있었으나 그 정도로는 서울 생활에 턱도 없이 부족했고, 생계를 꾸려갈 경제활동을 전혀 하지 않아 평생 빈곤한 처지를 벗어나지 못했다. 늘 굶다시피 했고, 셋방살이를 전전하느라 이사가 잦았다. 서대문 밖 냉천동, 마포 탁영정, 낙산 아래 어의동, 연화동, 남산 기슭, 약현, 산정동 등 가난한 이들이 사는 동네로 자주 이사를 다녔다. 그가 도회지의 풍요에 반감을 갖고 빈부격차에 주목한 이면에는 극심한 가난이 있었다.

또한 윤기는 보수적 관점에서 사회와 세태를 비판하고 증언했다. 윤기는 전통 질서와 유가 이데올로기를 지지했다. 양반 사대부를 중심으로 한 신분질서와 사회질서가 동요하는 현상을 심각하게 우려했고, 상업과 유통이 발달하고 천주교가 세력을 확장하며 역동적으로 변화하는 사회를 경계했다.

물질적 토대가 빈약한 비주류 지식인으로서 서울 경관과 시정인의 일상에서 사회 시스템이 균열을 일으키는 조짐을 읽어냈다. 그의 눈에 비친 서울은 전통적 가치와 질서와 문화가 빠르게 무너져가는 무법천지의 세계였고, 빈부격차가 극심하고 불평등이 만연한 타락한 사회였다.

서울 서정

윤기에게 서울은 삶을 통틀어 살아온 공간이자 그의 꿈을 실현할 공간이었다. 점차 어둡고 부조리한 도시로 변해갔으나 그에게도 서울이 아름답고 낭만적인 풍경을 보이던 때가 있었다.

그가 한창 젊을 때였다. 그때는 간혹 명소나 자연을 탐방하고서 풍경을 즐기는 낭만이 있었다. 성곽을 따라 도성 안팎의 풍경을 감상한 작품7이나 송동과 성북동, 읍청루, 탁영정 같은 명승지를 탐방한 작품, 서대문 밖의 풍경을 묘사한 「만경재십경萬景齋十景」 같은 작품으로 낭만적 기분을 표현했다.

문과에 급제한 이후인 1793년과 그다음 해에는 집중적으로 도

성의 명절 풍속을 정리했다. 다양한 형식으로 명절과 관련한 옛이
야기와 조선의 독특한 풍속을 묘사했다. 사월 초파일에 형형색색의
화려한 등을 다는 풍속을 묘사한 장편시 「관등부觀燈賦」를 잠깐 읽어
보자.

가난뱅이가 그저 값싼 소품만 살 때
부자는 항상 백만금을 쏟아버리네.
사방 창에 장식한 꽃은 비단 오려 만들었고
층층 난간에 달린 꽃은 유리구슬로 깎았네.
저절로 움직이는 장치가 바삐 회전할 때
특별한 볼거리가 빠르게 바뀌네.
용감한 사내는 말을 달려 범을 쫓고
사냥꾼은 활을 당겨 고라니를 뒤쫓으며
달리는 형세가 급해 빙글빙글 돌아가고
사라졌다 나타났다 순간순간 눈 속이네.
원숭이 인형 만들어 웃음거리 제공하고
꼭두각시 인형까지 우열을 다투네.

(…)

이 늙은이 요행히도 한가로운 처지라
해마다 게으르고 졸렬하게 맘껏 지내다가
쑥대집 나와 등불 한번 밝혀볼까 하고
억지로 지팡이 짚고 쇠한 몸 일으켰네.

부귀가에서 내 굶주림 알 자가 있으랴.

이곳만 급급히 다투는 말세가 야속해라.

등값 후려친 짓 매섭게 혼낸 동파를 흠모하고

유행 따라 화려한 글 짓는 버릇 조심하네.

네 몸 밖의 무궁한 일은 생각하지 말고

손안에 든 큰 술잔이나 기울여보자.

　화려한 장면을 연출하던 관등놀이를 묘사한 시다. 각종 등을 높이 달아 화려함을 뽐내는 사월 초파일의 번화한 분위기를 그린 작품은 여럿 전하는데, 대부분 도회지의 화려한 풍경을 찬미했다. 그러나 윤기는 조금 다른 시각을 보여주었다. 예컨대 부잣집에서 부를 과시하며 제작한 특별한 기계장치를 상세하게 묘사하며 이를 마음껏 치장하지 못하는 가난뱅이의 처지와 대비시켰다. 그의 시로는 드물게 화려하고 장식적인 시지만, 사실 그는 가진 자와 가지지 못한 자의 상대적 차이를 부각했다. 값비싼 등 하나면 굶주린 빈민의 허기를 채울 수 있으련만 부자에게는 그런 연민의 감정이 없다. 분수 밖의 세상사를 떠올리지 말고 막걸리 한 사발이나 마시자는 마지막 대목에는 분노와 체념이 섞여 있다.

　서민의 생활상을 곡진히 담아내기도 했다. 「성안의 새벽 풍경城中曉景」과 「성안의 저녁 풍경城中暮景」 각 5수는 밤에서 아침으로, 낮에서 저녁으로 바뀌는 서울 풍경을 묘사한 연작시다. 각각 한 수씩 들면 다음과 같다.

큰 별이 반짝이고 작은 닭이 울어대면
채소 할멈 젓갈 영감 다투어 들어오네.
파루를 기다리던 상엿소리 멀어지고
나무꾼들 노랫소리 뒤이어 들려오네.

거리에 행인 줄고 점포도 닫히자
다닥다닥 여염집을 안개가 뒤덮었네.
멀리서도 술집만은 알아보기 넉넉하니
문 앞에 홍등 걸린 게가 바로 주막이지.

한양성 안팎에 사는 서민의 분주한 인생에 주목했다. 뒤에 인
용한 시에서는 어둠이 깔리는 거리에 상가는 철시하고 술집은 불
을 밝히는 풍경을 그렸다.

가진 자의 세상을 향한 분노

문과에 급제하고 나서 윤기는 청요직淸要職에 진출하고 경제
적 보상도 뒤따르리라는 막연한 기대를 품었다. 하지만 그마저 물
거품이 되자 세상을 한층 더 부정적으로 이해했다. 「지유요只由謠」
20수는 현실에 존재하는 다양한 격차의 문제를 다루었다. 20수 중
2수를 인용한다.

남과는 반갑게 인사하면서
친척은 개가 닭 보듯 하네.
물어보자 무슨 이유인가
단지 빈부 차이 탓이라네.

부지런히 밭 가는 이는 늘 배를 곯고
마음껏 노는 이는 항상 몸이 편하네.
물어보자 무슨 이유인가
단지 힘의 강약 차이 탓이라네.

남과는 친하게 지내도 친척은 멀리하고, 열심히 일하는 자는 굶어도 일하지 않는 자는 배부른 주객전도 현상이 눈앞에 벌어진다. 이유는 빈부의 차이, 강약의 차이에 있다.

작품에서 간명하게 표현한 빈부격차는, 도시에서 벌어지는 여러 모순의 작은 단면에 불과했다. 윤기는 법과 질서, 윤리와 가치가 무너지는 현상에 주목했다. 심층에는 대개 금전의 문제가 있다고 진단했다. 그가 보기에 돈이 많고 적은 처지에 따라 세상사의 방향도, 인간의 평가도 달라지는 현실이 서울살이의 실상이었다.

그렇다보니 돈 문제는 그의 시문에서 가장 주요한 소재로 등장한다. 장편시 「돈錢」과 「돈 있는 자는 모든 일에서 남보다 낫다詠有錢者百事勝人」「수전노詠守錢虜」를 지어 돈의 위력과 돈에 사로잡힌 수전노의 행태를 냉소했고, 산문 「금전설錢說」에서는 돈의 위력과 실체를 밝혔다. 그중 「돈」의 일부를 보면 다음과 같다.

사람들이 좋아하는 것 중에서
태수 자리가 제일이고
태수가 제일 좋아하는 것은
천금 만금 거두는 돈이지.
호화로운 의복과 음식으로
오락과 가무 잔치를 벌이며
별장에 이름난 정원 꾸미고
비옥한 들에 좋은 농토 차지하여
꽃구경하며 술잔을 돌리고
친구 불러 호수에서 뱃놀이 벌이지.
이 모두가 돈이 하는 짓이니
어찌 침 흘리지 않으랴.
온갖 행실 다 내팽개치고
마음 온통 돈에 끌리네.

이 시에서 윤기는 돈이 발휘하는 위력을 한껏 묘사했다. 금전의
위력을 확인한 수전노는 혈안이 되어 돈을 버느라 도덕이고 예의
고 도량이고 다 팽개친다. 돈이면 하지 못할 일이 없고, 돈이 없으면
할 수 있는 일이 없다. 「돈」마지막 대목에서 윤기는 이렇게 썼다.

고매한 선비는 기꺼이 굶어죽고
백성들은 곤궁에 겨워 우나니
슬프다! 이 세계는
하나의 큰 시장이 되었네.

물건을 사고파는 사람들의 행태를 묘사한 시에서도 그는 "세상은 지금 모두 시장통이니/ 성인이 다시 난들 어쩌지 못하리라"[8]라며 세계가 하나의 큰 시장이라고 했다.

윤기는 과거와는 완전히 바뀐 세태를 날카롭게 꼬집었다. 본래 유학에서는 사대부가 사적 이익이나 물욕을 추구하는 행위를 경계했고, 경쟁보다 협동을 강조해 도덕경제를 지향했다. 그러나 그런 유학의 이상은 간데없는 사회가 되었다.

도회지 빈민에 대한 연민

관료가 되지 못한 양반은 빈곤의 나락으로 떨어져 극빈층이 되거나 향촌으로 밀려나는 것이 운명이었다. 가난한 여항인보다도 못한 생활을 꾸려가는 양반이 적지 않았다. 윤기는 문과에 급제했지만 그래 봤자 서울 사람으로 사는 것은 사치였다.

그런 이유로 윤기는 음지에서 생활하는 서민의 삶을 자신의 삶과 동일시하며 그들이 겪는 궁핍에 연민의 감정을 투영했다. 도회민의 세태를 묘사한 그의 작품 상당수는 도회지 빈민의 궁핍한 실

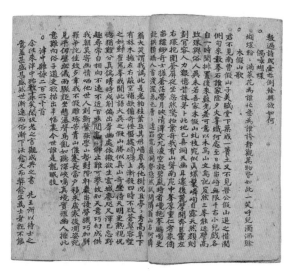

윤기의 문집 『무명자집無名子集』, 개인 소장, 필사본.

상에 집중되었다. 이웃에 사는 나무꾼과 그 아내를 묘사한 「이웃에 사는 땔감 장수詠隣寓賣柴者」와 「그리고 땔감 장수의 아내又詠賣柴者之 妻」를 보자.

집도 없고 먹을 것도 없고 또 몸은 약하고
누덕누덕 기운 옷은 몸조차 못 가리는데
날마다 삼십 리 길 나무해서 돌아오면
외상 쌀값 갚고 나서 저녁에는 다시 굶네.

행랑채를 빌려 사니 서글픈 일 정말 많고

남편이 나무 팔아도 굶주림을 못 벗는데
어린 것 셋은 방에 있고 하나는 뱃속에 있어
홑치마로 물 길으니 눈물이 뺨에 흐르네.

이웃 사람의 딱한 처지를 연민의 감정으로 묘사했다. 행랑채 서
민 부부의 극한에 다다른 궁핍한 삶을 동정하지만 자신의 처지도
큰 차이가 없었다.

연민의 시선은 도회지에서 발생한 사건을 묘사한 시에 잘 드러
난다. 70세 때인 1810년에 지은 「잡요雜謠」 4수가 이에 해당하는 작
품이다.⁹ 작품 네 편은 모두 물욕이 판치는 서울에서 약자가 강자
에게 핍박받는 현실을 폭로하고 분노를 표출했다. 그러나 대안을
제시하지는 않았다. 첫째 수에서 집에서 쫓겨난 까치는 도시를 떠
나 사람이 없는 들판에 가서 집을 지을 걸 그랬다고 하지만¹⁰ 올바
른 대안은 아니다. 까치로 은유한 서민은 생계를 꾸리기 위해 한양
으로 몰려들 수밖에 없는 임금노동자로 볼 수 있다. 계모에게서 갖
은 학대를 당하는 어린아이를 묘사한 넷째 작품도 문제작으로, 마
지막 대목은 다음과 같다.

의붓어미 화를 내어
"어린놈이 교활하여 부끄러움도 몰라!
놀거나 낮잠 자지 않았다면 요것밖에 못 해 와?
배고프다느니 춥다느니 하는 말은 전부 거짓이야!"

나무를 등짝에 얹고 때려서 쫓아내며
"이까짓 것으로 저녁밥을 포식하려고?"
대꾸 한마디 못한 채 아이는 마음이 쓰려
눈물이 가슴을 적시고 땅에 흐른다.

열두세 살 어린아이가 한겨울 폭설을 뚫고 산에 가 겨우 나무를
해 왔으나 의붓어미에게 쫓겨났다. 전처 자식의 비극적 인생 결말
을 묘사한 최성대崔成大의 「의붓어미晚孃篇」와 견줄 만큼 작품성이
뛰어나다.

도회지 빈민에 대한 연민은 시인의 궁핍에 대한 자기 연민으로
확대되었다. 그는 궁핍과 불우를 냉소와 자조를 섞어 표현하고, 뼈
저린 소외감을 작품 곳곳에서 드러냈다. 그중 자주 다룬 소재가 이
사하기다. 18세기 서울에서는 주택난이 상당히 심했다. 젊은 시절
부터 윤기는 집 없이 셋집을 전전하는 처지여서 이사를 소재로 한
작품이 10여 수에 이른다. 「셋집에서 쫓겨났으나 갈 데가 없어서
우연히 시로 심경을 표현하다家舍見逐, 無所於歸, 偶形於詩」를 보자.

집도 없고 절도 없어 못내 슬픈 내 신세
세상은 태평하건만 나만 홀로 난리로구나.
잠가놓은 빈집은 많아도 의리 높은 이는 드물고
꼭꼭 숨겨둔 돈꿰미가 썩어도 썩 내놓을 자 누구더냐.
때때로 자책해봐도 그저 졸렬함이 불쌍하고

간 데마다 떼 지어 조롱하니 되레 바보 꼴이네.

드넓은 천지에서 가난해 죽을 지경이건만

높고 화려한 집에서는 첩을 두고 있네.

무법천지 서울의 일그러진 모습

윤기의 눈에 보인 서울은 인륜과 도덕이 더는 사회를 지탱하는 규범으로 작동하지 못하고 법과 제도가 극도로 문란해진 추악한 세상이었다.

대표적인 추태의 하나가 과거제도의 문란이었다. 그 실태를 여러 편의 「과설科說」로 폭로했다. 과거마저 돈으로 거래하는 일종의 글 장사가 성행하는 실태를 곳곳에서 고발했다. 그의 대표작인 「반중잡영」에도 대학에 해당하는 성균관의 부패상이 묘사돼 있다.

신분제도와 명분도 타락했다. 신분이 낮지만 부유한 사람이 신분이 높은 사람을 무시하는 세태, 참람한 건축과 의복, 버릇없이 구는 행동을 개탄했다. 장용영 소속 군인에게 무례한 대접을 받고 쓴 「느낌이 있어有感」는 실제 체험을 서술한 작품이다. "하층민은 분수 지켜 마땅하니/ 부유하다고 양반과 맞먹으랴"라고 썼으나 실상은 "병졸이 고관을 업신여기고/ 시정 상인이 벌열 양반에게 대드네"라고 읊었다. 신분이 해체되는 서울의 분위기를 확인하고서 시인은 "내 분수나 지켜야지"라며 무력하게 자조한다. 상업도시의 번영이 그의 눈에는 타락과 변화를 조장하는 것으로 인식됐으나 그는 "못

된" "세태의 변화"를 저만치 물러서서 물끄러미 바라볼 수밖에 없
었다.

흡연 풍속에 깊은 관심을 보인 것도 비슷한 취지다. 작품 여러
편에서 그는 사회질서를 파괴하고 윤리를 무너뜨리며, 풍기를 문
란하게 만드는 주범으로 담배를 들었다.「금주령酒禁」이라는 글에
서는 "인간 세상의 윤리를 없애고 질서를 사라지게 하는 것은 모두
담배로부터 말미암는다. 그중 음험하고 비밀스러운 용도를 말하자
면, 남녀 간에 음란한 짓을 벌일 때는 담배 한 대 태우자는 말로 수
작을 건다. 도적이 사람을 가로막고 도적질할 때는 담배 한 대 빌
리자며 말을 건다"라고 하여 담배를 단순한 기호식품을 넘어 조선
사회의 윤리와 질서를 망가뜨리는 불순한 물질로 보았다.

장편시「담배노래煙草歌」는 성균관에서 공부하던 1773년을 전후
하여 지었다. 본인은 정작 담배를 태우지 않는 금연론자이지만 5언
시 200구의 장편시로 담배의 생김새와 맛, 유래와 전파, 재배와 가
공, 담뱃대와 흡연법, 다양한 효과와 기능, 명산지와 명품, 매매와
유통, 해독과 감회를 다채롭게 서술했다. 그러나 윤기는 담배를 예
찬하는 데 목적을 두지 않고 사회의 타락과 상업화를 촉진하는 불
순한 물질로 담배를 규정했다. 다음 인용문은 그 일부다.

이 때문에 사고파는 상품이 되어
원근에 담뱃가게 벌려 있구나.
뭍에선 앞다투어 말에다 싣고

물에선 운송선이 이어지누나.

이익만 차지하려 경쟁하느라

산과 내를 넘는 것도 개의치 않네.

붉은빛과 매운맛을 자랑하면서

작은 분량까지 저울로 정확히 재니

시장에는 값싼 물건이 가득하건만

골목에는 비싼 물건 넘쳐난다네.

곳곳에서 담뱃값을 높이 올려서

온갖 사람 가진 돈을 속여 빼앗네.

결국은 돈을 뺏는 수단이 되니

하나같이 이익과 욕망에 휘둘리네.

윤기는 담배의 유통과 매매를 단순한 상품의 그것으로 보지 않
았다. 상인이 큰 이윤을 남기는 핵심 상품으로서 담배는 수많은 서
민의 돈을 속임수를 써서 빼앗는다. 윤기는 큰 자본을 가진 자가
대중의 돈을 뺏는 사악한 수단으로 담배를 이해했다.

윤기는 매력적이고 번화한 도시의 그늘에 드리운 음울한 풍경
과 시민의 비참함을 혐오감과 냉소, 절망의 표정으로 묘사했다. 그
만의 표정으로 그린 윤기의 도회지 형상은 18세기 서울의 양면성
을 보여준다.

조수삼이 그린
시정의 인간 군상

◆

　서울은 팔도에서 몰려오는 지방 사람으로 붐볐다. 서울에는 국
왕과 왕족, 고위 관료군을 정점으로 하는 양반 사대부와 경아전, 중
앙 관서의 하위 관료, 의원과 역관 등의 전문직 중인, 시전 상인과
난전 상인, 공인과 예술가, 어영청·훈련도감 소속 군인, 성균관의
반인, 공노비와 사노비, 농사꾼, 내시, 그리고 직업 없이 살아가는
한잡인閑雜人, 걸인 등 다양한 직종의 도회민이 거주했다. 직업과 신
분에 따라 모여 사는 지역이 따로 있었고, 양반은 당파에 따라 사
는 곳을 달리했다.

　서울은 상업도시이자 소비도시였다. 서울 인구의 80퍼센트 이
상이 상업과 연관된 직업에 종사했다. 하지만 서울의 생활상을 고
스란히 드러내는 시정 사람의 삶과 문화는 문학이 다뤄야 할 가치

〈경성도〉, 19세기, 57.6×133.9㎝, 국립중앙박물관 소장.

북산(北山) 김수철(金秀哲)이 그린 그림으로 추정함. 18세기 이후 서울의 전경을 남산
에서 바라본 그림이다. 북쪽에는 백악과 인왕산, 응봉을 배경으로 하고, 멀리 북한산
과 도봉산을 배경으로 하여 도성 내 시가 전경이 한눈에 펼쳐진다. 보통 서울을 그릴
때는 성곽과 대궐, 육조거리와 종로, 성문을 중심으로 그린다. 하지만 이 그림은 도성
에 빼곡히 들어찬 민가를 위주로 그렸고, 창덕궁의 중층 전각과 원각사의 백탑만을 도
성의 핵심 건물로 그렸다.

있는 주제로 취급되지 못했다. 시장과 골목에 살았던 각양각색의
인물을 그려내려면 전혀 다른 가치관을 가진 선각자의 손을 빌려
야 했다. 여항 문인 추재秋齋 조수삼이 바로 그런 인물이었다. 그가
지은 『추재기이秋齋紀異』는 장안에 유명했던 거리의 명물을 기록함
으로써 18세기 서울의 중하류 사회를 증언했다.

18세기 서울 시정 인간의 발견

조수삼의 『추재기이』는 독특한 형식의 책이다. 책명은 추재란
자신의 서재에서 기이한 사연을 기록했다는 의미다. 71명의 기이
한 인생을 시로 짓고 간결한 산문으로 배경을 설명했다. 시집이기
도 하고 산문집이기도 하다. 귀신과 동물 변신, 도사와 신선의 허황
한 이야기가 일부 끼어 있기는 해도 대부분 18세기 서울에서 실제
로 발생해 시민의 호기심을 불러일으킨 실화다.

『추재기이』는 조수삼 만년의 저술로 1830년대에서 1840년대
에 지어졌다. 대부분 정조 치세의 인물과 사건을 다루었다. 다음으
로 영조 치세의 것이 많고, 순조 치세의 것은 극히 드물다. 저술한
시기는 19세기 전기이나 내용은 저자의 기억 속에 또렷하게 각인
된 사연을 꺼내 기록한 18세기 후반의 사실이 다수를 차지했으니,
18세기 서울 시정 사회의 실화집이다.

『추재기이』는 책 이름에서 기이한 사연을 기록한다고 밝혀 마치
신비한 인간을 다룬 이인異人 설화집처럼 보인다. 그러나 조수삼이

말한 기이함은 상식적으로 이해하기 힘든 신비한 행적, 특이한 사건, 귀신담, 엽기 행적 따위를 의미하지 않는다. 오랫동안 정통 문인이 시와 산문 장르에서 다뤄온 범주를 벗어난 새로운 소재를 다뤘음을 의미한다. 한마디로 서울 시정인의 경험과 삶을 본격적으로 다루겠다는 의지를 보인 것이다. 파격이자 혁신이다.

조수삼은 양민 출신으로 승정원 서리를 역임한 경아전이었다. 중국 사행단 막료가 되어 여섯 차례나 북경에 다녀왔다. 이덕무와 그 아들 이광규로부터 시를 배워 18세기 중후반 시단의 주류였던 백탑시파의 시풍에 큰 영향을 받았고, 19세기에는 당대를 대표하는 시인의 한 사람이 됐다. 여항인 시 모임인 송석원시사에 참여하는 등 여항 시단의 핵심 구성원이었다.

그는 입담이 좋았다. 특출난 재능 열 가지를 소유한 사람으로 알려졌는데 그중 그의 여덟번째 재능이 바로 담론이었다.[1] 1794년 33살 때 『연상소해聯床小諧』란 작은 필기筆記를 지었는데 서문에서 "나는 이야기하기를 좋아하는 자다"[2]라고 고백할 만큼 젊어서부터 이야기 듣기를 좋아하고 남에게 이야기를 잘 구연했다.

그가 이야기를 나눈 상대는 산과 들의 엉성하고 게으른 촌사람이라서 "시원한 주장을 토해내거나 웅장한 사연을 쏟아내지는" 못했다. 더불어 "상스럽고 촌스러운 이야기를 주절주절 늘어놓고 우스갯거리로 삼고 말 뿐인" 이들이었다. 그가 다룬 화제가 품위 있는 상류층 사람이 아니라 서울 골목길 사람들이 흥미로워하던 이야기였다는 말이다. 그는 자신의 배경을 밝히며 "가난한 집에서 태어났고 자라서는 사방을 떠돌았기 때문에 날마다 보고 듣고 기록하여 남긴 글이 모두 근거 없거나 불경스러운 이야기여서 지붕 아래에서 속닥거릴 사연뿐이다"[3]라고 겸양 섞어 설명을 덧붙였다. 엄숙하며 진지한 담론이 아니라 근거 없고 불경스러운 이야기라고 낮추어 말했지만, 사실 이 저술의 진정한 가치는 바로 거기에 있다.

『추재기이』서문에서도 어린 시절부터 이야기에 젖어 산 환경을 회고하고는『연상소해』서문과 비슷한 말을 했다. 인물의 시비나 국가 정치에 연관한 내용은 일절 언급하지 않았다고 밝히고, 그런 주제는 말하고 싶지도 않고 잊은 지도 오래돼서 하지도 못하니 결국 여항의 상스러운 이야기로 갈 수밖에 없다고 했다.[4] 이 말 역시 겸양일 뿐 실제 가치는 바로 거기에 있다.

사대부가 좋아하는 담론을 일부러 피해 상스럽고 촌스러운 이야기를 해보겠다는 것이 조수삼의 일관된 말이었다. 입으로는 하고 싶지 않아서 상류층 이야기를 하지 않겠다고 했으나 사실은 작심하고 서울 시정의 인간 군상에 붓을 들이댔다.

조수삼은『추재기이』에서 하류층 비주류 인생에 주목했다. 그가 주목한 사연의 주인공은 사회의 그늘진 구석에서 힘겹지만 당차게 살아가는 사람들이었고, 대부분 신분을 파악하기 어렵거나 신분을 따지는 것이 무의미한 평민과 그 이하의 사람이었다. 서울 인구의 80퍼센트 이상을 차지하는 상업과 연관된 직업에 종사하는 시정인이 본격적으로 문학적 묘사의 대상이 됐다.

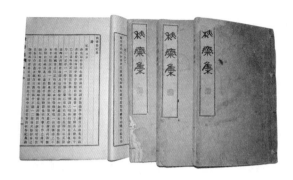

조수삼의 문집 『추재집』 4책과 권7에 수록된 『추재기이』. 1939년 보진재에서 간행했다. 저자 소장.

서민 주인공

조수삼은 새 유형의 인간에 주목했다. 『추재기이』 등장인물 71명 가운데 가장 많은 비중을 차지하는 55명이 서울 시정 사람이다. 나머지 16명은 경기도를 비롯한 다른 지역의 서민이다. 양반을 배제했고, 고위 관료나 유학자, 정통 예술가는 전혀 다루지 않았다.

18세기 이후 기록물에서는 중인 이하 서민에 관심을 보인 기록이 점차 늘어가는 추세였다. 그렇다 해도 대개는 경아전이나 의원과 역관 등 전문직 중인까지였다. 기껏 서민과 천민을 다루어도 효자나 열녀처럼 봉건 윤리에 부합한 하류층 사람을 이데올로기 선양 차원에서 채택했을 뿐이다.

『추재기이』는 달랐다. 충성과 효도, 열烈과 같은 유가적 덕목에는 관심이 없었다. 중심 인물은 서울 시장 바닥에서 서민과 부대끼며 살아가는 시정 사람이었다. 도둑, 강도, 호객꾼, 기둥서방, 거지,

방랑객, 방랑시인, 구기인口技人, 재담꾼, 차력사, 사기꾼, 골동품 수집가, 술장수, 기생 등 다양하고 다채로운 인물이 다수를 차지했다. 사회에서 헤게모니를 쥔 주류의 반대편에서 살아가는 비주류 인생, 소수자의 삶이 당당하게 등장했다. 이들은 서울에서 이름이 꽤 많이 알려진 명물이었다. 몇 가지 사례를 들어본다.

조수삼은 파락호破落戶나 무뢰배에 속하는 인물의 인생행로를, 부정적 평가를 달지 않고 다른 인물과 동등하게 서술했다. 62화에 나오는 음담패설의 제왕이라 할 만한 의영義榮을 비롯한 몇 명이 그 실례다.

> 의영은 해학을 잘하는 사람이다. 세상의 남녀와 짐승이 교합하고 질투하며 희롱하는 온갖 자세와 소리를 똑같이 흉내내어 못하는 짓이 없었다. 그는 늘 "천하에서 구경할 만하고 즐길 만한 것으로 이보다 나은 것은 없다. 만약 도안道眼을 갖추고서 이것을 본다면 충분히 기술도 깨치고 학문도 깨치며, 자신을 경계하고 남을 경계할 수 있다"라고 말하고 다녔다.

의영은 남녀 성행위와 짐승의 교미를 능란하게 흉내내어 저잣거리에서 인기를 얻은 음담패설 전문가였다. 그런 잡놈에게도 그럴듯한 나름의 철학이 있었다. 그것처럼 구경할 만하고 재미있는 것이 없고, 잘만 음미하면 그 안에도 고급스러운 인생철학이 있다고 주장했다.

왜 이런 음담패설꾼을 조수삼은 주목한 것일까? 서울 곳곳에서는 색주가가 번창했다. 19세기 소설 『포의교집』을 보면, 장진사의 조카 장사선이 "모화관 근처에 살면서 날이면 날마다 한량배들이 오입하는 것을 보아오던 터라, 무릇 남녀가 수작하는 일에 능란했다"라고 한다. 양반의 조카도 남녀 오입에 관해 전문가라고 자부할 만큼 성의 일탈은 흔한 현상이었다. 의영은 서울 환락가 문화에 기생하는 잡놈의 대표로 채택되었다.

그런데 의영만이 아니다. 조수삼은 특별히 술과 성, 이른바 주색잡기와 관련한 명물을 다수 포착했다. 「수유리 주막의 술 파는 노인勸酬酢」(37화) 「의리를 지킨 기생 한섬寒蟾」(40화) 「기생들이 총애하는 이총각李總角」(56화) 「벙어리 조방꾼啞幇閑」(57화) 「오입쟁이에게 사기친 조방꾼 이중배李仲培」(59화) 「정인을 따라 자살한 금성월錦城月」(71화)이 여기에 속한다. 그 가운데 「벙어리 조방꾼」을 본다.

벙어리는 성이 최씨로 용모도 준수하고 말재간도 뛰어났다. 관기官妓와 사창私娼을 거느린 두목으로서 날마다 세도가와 부잣집 자제들을 불러 모아 꽃에 취하고 버들에 드러눕게 만들었다. 한평생 한마디라도 신의를 저버린 언행을 한 바 없기에 바람기 있는 남자와 여자 가운데 그를 아끼지 않는 자가 없었다. 그는 비록 가난했지만 입는 옷과 쓰는 재물이 저들 자제들과 차이가 없었다.

서울의 기방계妓房界에서 명성이 높았던 조방꾼 최씨 이야기다. 조방꾼은 부잣집 자제를 기생과 연결해주는 뚜쟁이였다. 뚜쟁이의 필수 조건 가운데 하나가 철저한 비밀 유지다. 누설되면 안 될 부유층의 엽색질에 입을 꽉 봉했기에 최씨는 벙어리로 불렸고, 고객만큼 호사를 누렸다. 실제로 벙어리는 아니었다.

사기꾼 기질을 잘 드러낸 59화의 조방꾼 이중배 사연도 비슷한 이야기다. 조수삼은 서울 환락가에 기생하는 주막 주인(37화), 기생(40화, 71화), 무뢰배(56화) 등을 매력적인 명물로 묘사했다. 그들에게서 교훈을 얻으려는 것이 아니었다. 그들은 당시 서울 사람들에게 널리 알려진 흥미로운 명물이었고, 시정에서 활개치며 살아가는 독특한 서민이었기 때문이다.

도덕주의와 무관하게 시정 사회의 실태를 보여주려는 태도는 50화「팽쟁라」에서도 보인다.

팽씨彭氏는 부잣집 아들이다. 재산이 10만 냥이나 되는데도 오히려 넉넉하게 여기지 않았다. 장사하여 큰 이익을 남기려고 산갓나물 도거리를 시작했다. 먼저 3000꿰미를 뿌려 밭째로 몽땅 사들였다. 이제 한양 성중에는 산갓이 없을 줄 알았는데 가을철이 되자 산갓 사라고 외치는 사람이 끊이지 않았다. 팽씨는 2000꿰미를 더 보태서 산갓을 사버렸다. 그러자 산갓나물 값이 정말 급등하여 품귀 현상을 빚었다. 그런데 민간에서는 '한 푼에 세 개밖에 못 사고, 맛이 쓴 산갓나물을 굳이 써야 할까?'라고 생각하여 아무도 사지 않았다. 겨울을 나고 봄이 되자 산갓이 썩고 벌레 먹어서 하는 수 없이 물속에 내다버렸다. 팽씨는 분통이 터져서 손해본 재물을 벌충하고자 애를 썼으나 하는 일마다 낭패라 결국에는 가산을 탕진하여 맨주먹만 남았다. 병을 얻고 미쳐버린 그는 산갓 가루를 말린 쥐고기에 발라서 씹어 먹으며 돌아다녔다. 그 집안사람들이 평소에는 쟁라綿羅(비단의 일종)로 사치를 부리며 살았기 때문에 시장 사람들은 그를 팽쟁라라고 불렀다.

후추 도고都庫로 부자가 된 팽씨 집안 사람이 도고 행위로 망하고, 끝내는 미쳐서 시장을 배회한 사연이다. 시장에서는 널리 알려진 부잣집 몰락사로 실화다. 18세기와 19세기에는 특정한 물건을 매점매석해 큰 이익을 얻는 도고 행위가 효과적인 치부 방법의 하나였고, 많은 사회문제를 일으켰다. 재산을 탕진하고 미쳐버린 팽쟁라의 사연은 당시 시장 사람의 관심을 두루 끌 만한 흥미로운 실패담이었다.

『추재기이』는 이렇게 가진 것 없는 인간, 실패하여 좌절한 인간을 포함해 서울 밑바닥 음지에서 살아가는 서민의 인생 행보를 묘사했다. 유랑하며 시를 짓는 비렁뱅이 시인 송생원(4화), 『맹자』를 외우는 거지 복홍(5화), 나무 팔며 경서를 읽는 몰락 양반(14화), 골동품에 미친 손노인(29화), 시줏돈을 낚아챈 깡패 강석기(63화) 등이 그렇다. 서민의 실상을 이보다 더 생생하고 흥미롭고 다양하게 보여주는 기록물은 아직까지 나타나지 않았다.

비주류 예술인과 기능인

『추재기이』에 등장하는 인물 가운데는 예술과 기술에서 재능을
보였던 군상이 상당히 큰 비중을 차지한다. 거칠게 정리해보면, 가
을만 되면 젓대를 불며 나타나는 산사람(3화), 차돌을 주먹으로 깨
는 차력사(7화), 미친 듯 지두화指頭畵를 그리는 화가 장송죽(17화),
닭 우는 소리를 잘 내는 노인(18화), 귀신을 잡는 엄도인(20화), 거
울 가는 절름발이(21화), 소나무를 잘 키우는 원예사 노인(23화), 거
문고 악사 김성기(25화), 이야기책 읽어주는 사람 전기수(31화), 해
금 켜는 거지 노인(35화), 떠돌이 망건장이 조석중(41화), 이야기 주
머니 김노인(51화), 기인 화가 임희지(52화), 입으로 온갖 소리를 내
는 박뱁새(55화), 만석중놀이의 명인 탁반두(64화), 동생을 찾아 팔
도를 떠도는 걸인 가수 통영동이(67화) 등이 여기에 속한다.

16명에 이르는 예인과 기술자다. 당시 정통 예단에서 실력을 인
정받은 김성기나 임희지 같은 중인을 포함하기는 했으나 나머지는
실명을 확인하기 어려운 무명인이다. 그들의 예술이나 기술은 고
급 예술이나 기술로 인정받기 어렵거나 천시된 것이 대부분이다.
사실상 이들 예술과 기술은 18세기에 크게 유행했거나 새롭게 등
장한 것이다. 시장에서 공연되고 대중에게 소비된 민중적 대중적
성격의 예술과 기술이었다. 차력사나 닭 우는 소리의 성대모사, 원

예사, 전기수, 해금 악사, 망건 행상, 이야기 주머니, 구기口技, 탈춤 꾼 등 앞에서 언급한 기예는 대체로 서울의 상설 시장이나 지방의 큰 장시場市를 배경으로 성행했다.

17세기 대동법 시행 이후 크게 성장한 서울과 전주, 원산, 강경을 비롯한 전국 시장에는 민중을 상대로 공연하거나 기술을 팔던 다양한 민중 예술가와 전문 기술자가 활동했다. 조수삼이 채택한 인물들은 그중에서도 시장이 가장 큰 서울에서 활약한 유명 스타였다. 그 가운데 상당수는 당시 사람이면 누구나 이름을 알고 있을 만큼 도시 전체, 나아가 전국적으로 명성을 얻은 스타였다. 51화의 이야기 주머니는 유명한 재담꾼 오이물음 김중진金仲眞이고, 64화의 탁반두는 정조 시대 실존 인물로 산대도감 도변수로 유명한 탁문한卓文漢이며, 67화의 통영동이는 '둥구렁뎅 노래'로 분류되어 전국적으로 널리 불린 대표적 민요의 작자다. 이 밖에도 『추재기이』에는 서울 시정의 유명한 인물이 다수 등장한다.[5]

조수삼은 민중 예술가를 차별하기는커녕 오히려 부각해, 당시 시장에서 즐기는 예술과 기술이 무엇이고 누가 제일가는 명인이었는지를 기록해놓았다. 55화 박뱁새 형제의 사연을 들어본다.

뱁새의 형은 황새장사라고 불리는데 넓적다리가 길고 힘이 세기 때문이다. 박뱁새는 키가 채 3척이 되지 않고 얼굴이 대여섯 살 난 아이처럼 작기 때문에 뱁새라고 불린다. 뱁새는 구기口技를 잘해서 입으로는 생황과 통소를 불고, 코로는 거문

고와 비파를 연주한다. 악기를 동시에 함께 연주하되 성율에
들어맞고 화음을 잘 이루므로 세상에서 최고로 빼어난 음악
대라고 칭송받았다.

꺽다리와 땅딸보의 용모로 대중의 시선을 사로잡고 각종 소리
흉내에 탁월한 재능을 보여 인기를 끈 형제의 사연이다. 그들이 실
제 형제인지 여부는 중요하지 않고 기묘한 대조를 이루는 콤비였
음을 표현한 것이다. 이들은 성대모사의 수준을 넘어 구기 예술을
이뤄 시장에서 큰 인기를 끌었다.[6]『추재기이』에서는 구기의 몇 가
지 사례를 들어 18세기 하층문화의 주요 장르로 제시했다.
　시장을 떠도는 수공업자 가운데 주목할 만한 이들도 소개했다.
41화 망건 기술자 조석중도 그중 하나다.

조석중은 신장이 9척이 넘고, 눈썹이 짙으며, 배가 불룩 튀어
나왔다. 손재간이 뛰어나 여러 가지를 잘했다. 특별히 말총 갓
과 말총 망건을 잘 엮어서 하루에 망건 하나를 엮고, 사흘에
갓 하나를 엮었다. 망건값은 100문文이었고, 갓값은 800문이
었는데 돈이 생기면 바로 남에게 주었다. 술을 잘 마시고 친
구를 좋아하였으며, 남을 위해 일하는 것을 소중히 여겼다. 제
집은 없었기에 늘 두 개의 큰 전대를 메고 다녔다. 그 전대는
쌀 한 섬이 들어갈 크기였는데 건곤낭이라고 불렀다. 여러 기
구와 옷이며 이부자리, 갓과 신발을 그 속에 집어넣었다. 자칭

재세미륵불在世彌勒佛이라 하고 다녔다.

조석중은 당시에 꽤나 돈을 잘 버는 기술자였다. 말총으로 갓과 망건을 잘 만들었다. 그의 특징은 기술에 있지 않고 그의 행동에 있었다. 그는 버는 족족 남에게 주는 삶을 살았다. 그래서 시장에서 유명했다. 미래가 아니라 지금 세상에 나타난 미륵불인 양 돈을 벌어 남을 돕는 특이한 수공업자였다. 돈이 물신화된 세속도시 서울에서 보기 드문 사람이었다. 조석중 같은 명물은 신비화되었고, 조수삼은 시정의 평가를 글로 썼다.

도시의 장애인

앞에서 소개한 박뱁새는 난쟁이였다. 조수삼은 그를 따뜻한 시선으로 감싸듯 묘사했다. 박뱁새만이 아니라 『추재기이』에는 장애인이 여러 명 수록돼 있고, 여기에는 낙오자나 몰락한 양반 등 동정과 연민의 대상이 될 여러 인물도 포함됐다. 이런 인간형을 다룬 것은 주목할 만하다. 특히 육체에 장애를 가진 사람을 다수 소개한 것은 가볍게 보아 넘길 수 없다. 조선 후기 문사의 글에도 간혹 장애인 전기가 보이나 이처럼 많은 사람을 다룬 사례는 드물다. 거울 가는 절름발이(21화), 떠돌이 맹인 가수(45화), 물구나무서서 걷는 여성 장애인(65화), 동생을 찾아 팔도를 떠도는 맹인 가수 통영동이(67화), 거짓말 못 하는 김씨 아들(68), 봉산의 맹인 점쟁이 유운태

(69화)가 그들이다. 그 가운데 여성 장애인과 통영동이의 사연을 차
례로 든다.

　　한 여자가 있는데 손가락이 모두 달라붙어 물건을 잡지 못했
다. 반면에 발가락은 가늘고 길어 바느질하거나 절구질하고
다듬이질을 할 때 편리하였다. 걸어가야 할 때는 손바닥을 짚
신에 넣어 거꾸로 세워서 비틀비틀 길을 걸었다. 밤이면 심지
를 돋우고 삯바느질을 하여 생계를 꾸렸다.
　　한데 붙은 손가락을 짚신에 넣어 비틀비틀 다닐지라도
　　발가락은 생강처럼 가늘고 가늘다네.
　　손발이 뒤바뀐 인생이나 고된 일을 마다 않고
　　호롱불 앞에 발을 뻗고서 삯바느질에 열중하네.

　　통영동이는 성도 이름도 모르는데 스스로를 통영동이라고 불
렀다. 통영동이는 다리 하나를 절었다. 열 살 때 동생을 잃고
서 밤낮으로 울어 두 눈이 모두 어두워졌다. 부모가 다 돌아
가신 뒤로는 걸인이 되어 팔도를 두루 돌아다녔다. 혹시라도
동생을 만날 수 있을까 희망을 품었기 때문이다. 그는 백조요
百鳥謠를 직접 지어 불렀다. "꾀꼬리란 놈은 노래를 잘하니 첩
을 삼기 제격이요, 제비란 놈은 말 잘하니 종년 삼기 제격이
요, 참새란 놈은 때때옷 입어 금군禁軍이 제격이요, 황새란 놈
은 목이 길어 포교가 제격이라." 이런 투의 노래였다. 온갖 날

짐승을 하나하나 다 노래하여 상고上古시대에 새를 가지고 관
직 이름을 붙이던 취지를 살렸다.

손을 발 삼아 걸으며 힘겹게 살아가는 장애인과 다리 저는 걸인
통영동이를 조수삼은 어떤 연유로 수록했을까? 손으로 걷는 여인
의 기사는 아주 소략하다. 하지만 뒷부분에 "밤이면 심지를 돋우고
삯바느질을 하여 생계를 꾸렸다"라는 대목과 시에서 손 대신 발로
생계를 꾸리며 고생스럽게 노동하는 삶을 말함으로써 그녀의 인생
에 깊은 연민의 정을 표했다.

통영동이는 다리를 절고 눈이 어두운 걸인이다. 어릴 적 잃어버
린 아우를 찾겠다는 일념으로 팔도를 방랑했다. 온갖 새를 읊은 '둥
구렁뎅 노래'를 지어 전국에 널리 불리게 함으로써 아우를 찾고자
했다. 이 노래는 나중에 누구나 아는 민요가 되었다.

장애인 모두의 삶에 조수삼은 긍정적 시선을 던졌다. 노래를 불
러 구걸하며 살아가는 45화 손고사의 사연 마지막 대목은 이렇다.

그가 가장 잘 부르는 대목에 이르면 청중들이 담을 에워싸듯
몰려들어 동전을 던졌는데 마치 비가 오는 듯했다. 그는 손을
더듬어 계산해보고 100문이 되면 바로 일어나 자리를 뜨면서
"이거면 한 번 취할 밑천은 되겠군!"이라고 말했다.

조수삼은 장애인의 몸으로 노래를 불러 생계를 꾸리는 그에게

서 악착같은 면보다는 멋을 찾아냈다. 100문을 벌면 툴툴 털고 일어나 하루 벌이에 만족감을 표하는 모습이 마치 중국 후한의 도사 엄군평嚴君平과 비슷하다. 돈에 욕심내지 않고 일종의 자발적 가난을 선택하는 모습을 통해 재물의 노예가 된 현실 세계의 인간과는 다른 인간 유형을 부각했다.

장애인을 비인격적이고 악의적으로 대하는 시선은 예전 사람들에게 매우 흔했다. 문학에서 장애인은 성격적 결함을 지닌 악인으로 묘사되기 일쑤였다. 그러나 조수삼은 장애인의 삶에서 순수한 열정과 깊은 비애와 인간성을 찾아냈고, 생에 대한 진지한 열정을 발견했다. 장애인에 대한 『추재기이』의 서술은 근대 휴머니즘의 발로로 보아도 좋다.

상업도시 시정인의 인생 해석

『추재기이』에서 다룬 인물은 대부분 평범하지 않은 인생을 살았다. 조선 후기 사회 주류에서 이탈한 인생이란 점이 한 가지 공통점이다. 15화 바보 공공의 사연을 보자.

공공은 최씨 집 노비이다. 어리석고 고지식하게 태어나 죽과 밥 외에는 아무것도 몰랐다. 중년에야 비로소 술을 배워 막걸리 한 사발을 두 푼이면 산다는 것을 알았다. 날마다 인가를 찾아가 놋그릇을 닦겠느냐고 물어서 주인이 그릇을 내놓으

면 힘들이지 않고 닦고 씻는데, 그릇이 모두 번쩍번쩍했다. 주
인이 그릇 닦은 값을 셈하여 주되 두 푼을 넘어서면 나머지는
던져버리고 곧장 주막으로 달려갔다.

바보라도 공공 같다면 바보가 아니지.

동전을 주어도 엽전 두 개면 더는 필요 없어.

남들이 주는 대로 힘들여 그릇 씻고서

주막집 막걸리 한 사발 살 돈 벌었다며 좋아하네.

공공은 바보였다. 막걸리 한 사발 값 2푼 이상의 돈은 필요 없다
고 버리는 바보천치였다. 열심히 놋그릇에 광을 내고 받은 대가로
막걸리 한 사발을 사 먹으면 대만족이었다. 바보천치이나 미워하
거나 욕할 수 없는 천진한 인간이다.

『추재기이』에는 공공과 같은 인물이 여럿 등장한다. 노래를 부
르며 구걸하다가 100문만 쌓이면 자리를 털고 일어나 술집으로
향하는 맹인 손고사(45화), 돈이 생기면 바로 남에게 주고 방랑하
는 망건 기술자 조석중(41화), 물고기를 잡되 작은 것은 놓아주고
큰 것만 잡아 늙은 부모를 모시는 이웃에게 다 주어버리는 중랑천
낚시꾼(32화), 따비밭을 개간해 소출을 이웃에게 모두 희사한 중
(9화), 수박을 심어 길에서 팔되 돈이 없는 과객에게는 값을 받지
않는 노인(6화), 황금을 서로 양보하는 홍씨와 이씨(1화)가 바로 그
들이다. 황금만능의 서울에서 경제 논리에 반하는 엉뚱한 짓을 하
는 해괴한 인간들이다. 그리고 조수삼은 특출나게도 이들의 비범

한 삶을 채택해 따뜻한 시선으로 묘사했다.

조수삼은 유학의 번듯한 이념을 떠벌리는 인간 유형을 일부러 배제했다. 서문에서 분명하게 원칙을 밝힌 것처럼 조선왕조의 이념에 충실한 인간형은 거의 보이지 않는다. 겉으로는 봉건 이념을 실천한 것처럼 보이는 사례도 그 이면은 그렇지 않았다. 71화에 나오는 기생의 자살 사건이다.

금성월은 기예가 아주 뛰어나고 경국지색이라 명성과 해웃값이 한 시대의 으뜸이었다. 아무개의 아들이 금성월을 사랑하여 데리고 산 지 여러 해가 되었다. 그 남자가 죄를 범하여 곧 법에 따라 죽게 되었다. 금성월이 탄식하며 이렇게 말했다.
"나를 향한 낭군의 애정은 천하에 비교할 자가 없다. 그러니 낭군에 대한 이 몸의 보답도 천하에 비교할 자가 없도록 해야 할 것이야!"
그러고는 정인이 죽기에 앞서 검으로 제 몸을 찔러 죽었다. 당시 사람들이 다들 열녀라고 칭찬했다.

1755년 을해옥사가 일어나 소론 명문가 집안이 철저하게 몰락했고, 그때 죄에 걸려 죽게 된 한 사대부를 따라 자살한 기생의 사연이다.7 금성월의 자살을 놓고 당시 사람들은 열녀라고 규정했다. 조수삼 역시 그 점을 높이 평가해 수록한 것일까? 그렇지 않다. 이 여인을 평가할 말이 당시에는 열烈밖에 없었을 뿐이다. 금성월은 연인에 대한 진정한 사랑과 신의로 죽음을 택했다. 금성월의 탄식에서 찾아낼 수 있는 자살의 원인은 그것이다. 타락한 서울에서, 그 것도 가방에서, 금성월은 돈에 따라 움직이는 기생의 상식을 버렸다. 아무도 기대하지 않았겠건만 오히려 기생이 사랑을 위해 목숨까지 바쳤다.

발자크가 『인간희극』에서 주류의 추악한 삶을 통해 당시 사회 이면을 드러냈다면, 조수삼은 사회에서나 문학에서나 주류로 등장하지 못하던, 긍정적이고 따뜻한 시선을 받지 못하던 인간 군상을 부상시켰다.

〈성시전도〉와
한양의 도시인

18세기 조선의 수도 서울(한양)은 인구 30만 명 안팎의 대도시였다. 당시 세계의 대도시와 비교해도 인구나 도시발전, 상업, 문화 등 여러 측면에서 큰 차이가 나지 않았다. 1800년을 전후한 시기에 세계의 대도시 영국 런던이 100만, 청나라 북경이 50만, 일본 에도가 70만 정도였으므로 서울은 그리 작은 도시가 아니었다.

대도시로서 서울은 당시부터 관심과 분석의 대상이었다. 18세기 후반에 출현한 〈성시전도城市全圖〉 작품군이 그 점을 분명히 보여준다. 이들 작품은 18세기 서울 사람이 경험한 서울을 '읽은' 결과였고, 그뒤로 서울을 새롭게 '읽고' '보는' 시각과 방법을 제시했다. 서울의 인문지리적 풍경을 안내하는 귀중한 작품군이다.

〈성시전도〉는 성곽으로 둘러싸인 도시 전체를 그린 그림이다.

성시는 성곽으로 둘러싸인 도시를 가리키는 말로, 보통 왕성王城, 곧 서울을 가리킨다. 그러나 실제로 '성시전도'는 18~19세기에 서울을 그린 그림과 시를 가리키는 특정한 용어로 쓰였다. 그림과 시를 모두 가리키지만 혼동하기 쉬우니, 이 글에서는 그림을 가리킬 때는 〈성시전도〉로, 시를 가리킬 때는 「성시전도시」로 쓰겠다.

참고로 서울의 지리를 묘사한 지도인 수선전도首善全圖가 있다. 이것은 지도에 회화 양식이 더해지기는 했으나 그렇다고 그림은 아니다. 〈성시전도〉는 서울 전역을 그린 회화이므로 지도인 수선전도와도 구별되었고, 또 서울의 풍경을 낱낱으로 그린 일반 풍속화와도 달랐다.

〈성시전도〉는 정조 이후에 여러 번 그려졌으나 현재 〈태평성시도太平城市圖〉 외에는 전하는 것이 없다.[1] 아쉽게도 그림 실물은 현재 남아 있지 않으나 다행히 「성시전도시」는 제법 많이 남아 있다. 나는 오랫동안 그 작품을 전면적으로 조사하고 발굴해 현재까지 15종을 찾아냈다.[2] 앞으로도 작품이 더 나올 것이다.

〈성시전도〉는 대형 병풍이나 두루마리에 그린 대작 그림이고, 「성시전도시」는 7언 일백운一百韻 고시古詩 형식으로 200구 1400자에 이르는 장편시다. 그림과 시 둘 다 평범한 수준을 넘어서는 대작이다. 어느 것이나 18세기 서울을 작심하고 묘사해 18~19세기 미술사와 문학사, 도시사에서 신기원을 이뤘다고 평가할 만하다.

〈성시전도〉 그림과 시는 당시 시민의 눈에 비친 서울의 도시 풍경과 문화, 이미지를 생생하게 표현해냈다. 서울 전체를 어떤 시각으로 해석하고, 어떤 풍경에 시선을 둬야 할지 각 개인의 독자적 관점을 담는 한편, 동시대 시민이 공유한 공통의 관점까지 담았다. 특히 박제가와 그를 모델로 삼은 일군의 문인은 서울을 상업도시로 생생하게 부각했다. 도시 변화와 그 변화를 보는 시각의 변화가 관심을 끈다.

〈성시전도〉 이전의 서울 묘사

서울은 조선왕조의 수도이니만큼 일찍부터 관심과 묘사의 대상이었다. 조선 전기에는 서울을 새로 세운 나라의 밝고 웅장한 수도로 묘사했다. 정도전, 권근이 지은 「신도팔경新都八景」이나 이민성의 「한도팔영漢都八詠」 같은 작품은 팔경의 구도로 왕도의 밝고 웅장한 형상을 만들었다. 성종 때 완성된 『신증동국여지승람』 '경도京都' 조에는 왕조가 희망한 이상화된 이미지의 서울이 그려져 있다.

18세기 중엽 이후로 사실적 시풍이 학계와 문단에 풍미하면서 서울의 지역 특색을 표현한 작품이 많이 등장했으나 그 역시 특정한 일부의 묘사에 머물렀다. 그중에서 양반 사대부인 이웅징李熊徵의 「장안유감長安有感」과 서울 거주 여항인 정래교鄭來僑의 「한양팔영漢陽八詠」, 임광택林光澤의 「낙성만음洛城謾吟」, 김충현金忠顯의 「한도송漢都頌」 10수 등은 도회지 풍속과 풍경을 사실적으로 묘사하려 애썼다. 관아 건물과 시장, 저택과 술집, 상인과 우마가 뒤섞인 세속도시의 번잡함과 도시 속에서 소박하게 살아가는 소시민의 모습,

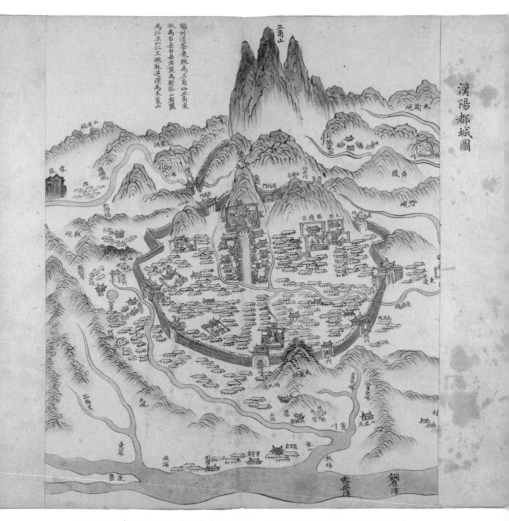

〈한양도성도漢陽都城圖〉, 『좌해여지左海輿地』, 일본 경도대학 가와이문고 소장.

18세기 한양 도성의 지세와 성곽, 성문, 산세와 물길 등 전체 국면을 회화식으로 그려
낸 지도다.

전염병 유행과 정부 조치, 공노비 해방 등을 표현해 감각이 확실히 현실에 가까워졌다.

그렇지만 지리와 도시계획, 문화, 풍속 등 서울을 하나의 지역 단위로 놓고 넓고 깊게 분석하는 시도는 나타나지 않았다. 그러다 18세기 후반부터 상황이 반전되어 당대 서울의 실상을 다방면에서 관찰한 저술이 속속 출현했다. 유득공의 『경도잡지京都雜誌』와 김매순의 『열양세시기洌陽歲時記』, 강이천의 「한경사漢京詞」, 강준흠·홍의호·강세륜姜世綸의 「한경잡영漢京雜詠」, 작자 미상의 「한양가」와 「한양오백년가」가 바로 그것이다. 도대체 어떤 계기로 그 같은 왕성한 저술이 일어난 것일까?

정조의 창의적 기획

이 획기적 전환은 다름 아닌 국왕 정조가 주도했다. 정조는 서울에 관한 다양한 정보를 누구에게나 공개해 자유롭게 접근하도록 허용하는 창의적인 〈성시전도〉 기획안을 마련했다. 통치 후반인 1792년에 처음으로 도화서 화원들에게 서울 전체 경관을 병풍 그림으로 그리게 했고, 이어서 그 병풍을 문신들에게 보여주어 장편시를 짓도록 명했다. 이덕무의 「성시전도시」 앞에는 "이보다 앞서 성상께서 도성의 풍물을 그려 병풍을 만들도록 명하고 '성시전도'라 명명하셨다. 임자년(1792) 4월, 대궐에 근무하는 여러 신하에게 시를 지어 바치라고 하셨다"[3]라고 하여 시를 짓게 된 동기를 밝혀놓았다.

정조의 기획은 국토 지리를 거시적으로 파악하려는 국책 사업과 연결되어 있다. 이보다 10년 앞선 1782년 10월 22일에 정조는 〈평양전도平壤全圖〉와 〈도내지도道內地圖〉를 병풍으로 제작해 올리라고 지시했다. 그에 앞서 시도한 몇 가지 도회지 지도와 전도 제작은 최종적으로 〈성시전도〉를 제작하기 위한 과정이었다.

그로부터 6년 뒤 1788년에 정조는 전국의 읍지를 편찬하는 사업에 착수해 『해동읍지海東邑誌』를 편찬하고자 했다. 정조가 편찬을 명하여 세부 편찬 방침과 범례를 구성하고 이덕무와 박제가, 유득공, 원중거 등에게 실무를 맡겼다. 『신증동국여지승람』을 계승해 일대 조선 지리지를 제작하려 한 이 사업은 상당한 수준으로 진행되었으나 완성을 보지는 못했다. 훗날 유득공의 아들 유본예는 「속성여지승람의續成輿地勝覽議」를 써서 미완의 사업을 완수하자고 제안했다.[4]

이렇게 전국 읍지와 지도, 전도를 제작하는 일에 열심이었는데 수도 서울에 대한 관심이 없었다면 말이 되지 않는다. 최종 목표는 서울이었다고 보는 것이 이치에 맞다.

그러나 왕도는 다른 도회지와 성격이 크게 달랐다. 왕도는 국왕이 머무는 곳이라 일반 신민이 그림이나 글로 함부로 묘사하지 못하는 신성하고 엄중한 장소였다. 도성의 기밀은 외부에 유출되어서는 안 되었다. 서울은 여러 차례 침략자에게 함락당한 뼈아픈 트라우마가 있기에 관련 정보 자체가 기밀이었다.[5] 지방 읍지는 왕성하게 제작됐으나 정작 서울을 다룬 지리지와 지도가 나오지 않은 까닭이다. 엄중한 기밀을 해제하는 물꼬를 틀 수 있는 존재는 국왕밖에 없었다. 하지만 어떤 국왕이 굳이 나서서 그 위험을 감수하겠는가?

정조가 모험을 감행했다. 〈성시전도〉를 제작했다. 이전 국왕이 시도하지 않던 일을 굳이 시도한 이유는 무엇일까? 대외적으로는 규장각을 설립한 이래 화가와 문신의 실력을 연마하고 그들의 우열을 가려내는 것이 목적이라고 했다. 하나의 명분이 될 수는 있으나 아무래도 옹색한 설명이다.

그보다는 도성의 풍물을 기록해 궁궐 밖에서 전개되는 민간 생활과 도시 풍경을 총체적으로 이해하고, 도성의 정비 계획을 짜고, 도성의 웅장한 모습을 그려서 태평성세임을 과시하며 왕권 강화 의지를 드러내려 했다고 보는 것이 더 합당하다. 당시 화성 건설을 추진하면서 자세한 그림을 그린 것처럼 서울을 객관화해 파악하려는 목적도 있었다고 본다. 〈청명상하도淸明上河圖〉와 『제경경물략帝京景物略』같이 도성 풍물을 묘사한 중국 회화와 저술이 〈성시전도〉 제작에 대한 정조의 욕망을 자극하기도 했다.

제 작 과 정

〈성시전도〉 그림과 시는 이렇게 제작됐다. 1792년 전후로 정조의 명에 따라 〈성시전도〉를 화제畫題로 삼아 처음 시험을 치른 이래 헌종 때까지 여러 차례 궁정화가를 대상으로 같은 시험을 치렀다.[6]

화원을 시험하기 위한 〈성시전도〉 제작은 모두 일곱 차례 실시되었고, 이때 그린 그림은 시험용 그림에 머물지 않고 궁궐에서 활용됐다. 조정에서는 〈성시전도〉를 병풍이나 두루마리로 제작한 다음 궐내로 들여와 실제로 사용했다. 이는 순조가 직접 쓴 글로 확인할 수 있다. 순조가 열네 살 나던 1803년에 쓴 「성시화기城市畵記」는 〈성시전도〉를 보고 지은 글이다. 글에서 순조는 "우리나라 성시를 그린 작은 그림은 하나의 두루마리로 되어 있다. (…) 사람과 사물의 형상 및 수효를 기록해두었다가 때때로 보면서 민간 여항의 일을 알고자 한다"⁷고 썼다. 그림에는 1717명의 사람이 등장하고 56가지 행위가 그려져 있었다. 정순왕후가 수렴청정하던 시기에 어린 국왕으로서 도성의 민간 생활 풍속을 익히고자 세심하게 살펴본 것이다. 국왕에게는 〈성시전도〉가 서울을 이해하게 해주는 훌륭한 교재였다.

정조가 제작하게 한 〈성시전도〉 실물은 현재 전하지 않는다. 남겨진 기록으로 볼 때, 그림은 매우 수준이 높고 가치가 있어 궁궐용이었음을 바로 알 수 있었으리라. 화재 등으로 소실되지 않았다면 어딘가에 반드시 남아 있을 것이다.

〈성시전도〉를 제작하고 나서 정조는 규장각 각신과 검서관에게 그림을 바탕으로 시를 쓰라고 명령을 내렸다. 1792년 4월 24일에 '성시전도'란 어제御題가 내려와 초계문신과 검서관에게 7언 백운百韻 고시를 사흘 뒤 묘시까지 제출하라는 명령이 하달되었다. 운자는 상성上聲 시운市韻이었다. 그로부터 사흘 뒤 27일에 시권을 대상

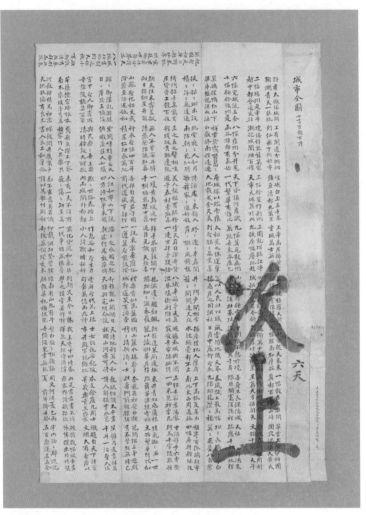

이집두의 「성시전도시권城市全圖試券」, 수원박물관 소장.

고 이종학 선생이 소장했던 시권으로 1792년 4월에 정조에게 제출해 평가를 받은 원본이다. 붉고 큰 글씨로 '차상次上'이라 쓴 것은 정조가 직접 내린 평가로, 역사 기록과 부합한다. 현재 당시의 시권 원본으로 전하는 유물은 이것이 유일하다.

으로 정조가 직접 고평한 결과가 내려왔다. 1등은 병조정랑 신광하였고, 2등은 검서관 박제가였으며, 3등은 검교직각 이만수, 4등은 승지 윤필병, 5등은 겸검서관 이덕무와 유득공이었다. 우수작으로 뽑힌 여섯 작품에는 어평御評까지 내려졌다.

몇 명이 시를 제출했는지는 명확하지 않으나 상을 받은 신하는 모두 17명이었다. 관례로 보아 시를 모아 시첩을 제작했을 텐데 그 실물은 아직 확인하지 못했다. 같은 제목에 같은 그림을 보고 쓴 시일망정 작품마다 제각기 다른 시각으로 서울을 묘사했기에 세부 내용은 완전히 달랐다. 시를 모두 모으면 당시 서울의 경관을 찍어 놓은 사진첩과 같은 구실을 할 것이다.

어평을 받은 6인의 작품은 모두 전한다. 7등 이하의 작품 가운데 정동간鄭東榦의 작품이 필사본 문집에 전하고, 상을 받지 않은 이희갑李羲甲과 김희순金羲淳, 이집두, 서유구의 작품이 문집과 『내각일력』 등에 수록되어 전한다.[8] 그래서 정조의 명을 받아 지은 작품은 현재 모두 11편이 전해온다.

한편 이와는 별도의 경로에 따라 지은 모방작이 네 편 전한다. 세 편은 신택권申宅權, 이학규李學逵, 신관호申觀浩 등 시인 세 명이 지었고, 나머지 한 편은 19세기 초에 시인 네 명이 일반 「성시전도시」의 곱절이 되는 200운으로 연구聯句를 지었다. 모방작 네 편은 정조 때 군신 간 어명-창작-어평의 과정을 재야 시인이 흠모해 그 창조적 과정에 동참한 결과다.

정리하자면, 「성시전도시」는 1792년에 11편이, 19세기 전기에

4편이 나와 모두 합해 15편이 출현했다. 주제 하나로 일시에 이렇게 많은 대작이 지어진 것은 문화사에서 드물고 중요한 사건이었다.

복고풍 서울 묘사

「성시전도시」 15편은 크게 보아 다음과 같이 짜여 있다. 1)서울의 지세와 연혁, 2)궁궐과 관서, 3)성곽, 성문, 다리, 4)시장과 물산, 5)고위 관료 행차, 6)거리와 유동 인구, 7)명승지와 유람객, 8)유흥 문화, 9)성 밖 풍경, 10)세시풍속.

15편의 작품에는 18세기 후반 서울의 대표적 경관이 대략 50개 안팎 등장한다. 서울의 지세와 연혁, 궁궐과 관서, 종로 시장 등 공간 선택과 경관 묘사에는 공통된 점이 적지 않다. 서울의 랜드마크, 핵심 이미지가 공유되고 있다.

「성시전도시」를 꿰뚫는 태도는 찬미다. 왕명으로 지었기에, 주로 왕도의 번성과 아름다움을 찬미하며 서울을 비판적 안목으로 접근하려는 태도는 원천적으로 막혀 있다. 당대 조선의 현실과 풍속을 곧잘 비판했던 박제가도 예외가 아니다. 평소 생각과는 거꾸로 "놀고먹는 백성 없어 집집마다 다 부자요/ 저울 눈금 속이지 않아 풍속 모두 아름답다./ 인仁의 성城과 의義의 시장에 나라를 세워/ 번성과 화려함만 믿지 않는다"[9]라고 했다.

공간 선택과 묘사 태도, 수사와 표현에 따라 전체 작품을 다음 세 부류로 구분할 수 있다.

첫번째 부류는 서울을 고대 중국의 수도로 재현했다. 서울 경관을 사실적으로 묘사하기보다는 중국의 옛 수도인 장안長安(현재의 서안)을 모사하듯 그렸다. 태도는 의고적이다. 시어와 음조는 고풍스럽고 장중하다. 민간 풍속이나 비속한 표현을 배제했고, 찬미하는 태도가 과장되었다. 신광하와 서유구의 시가 여기에 속한다.

두번째 부류는 서울의 경관을 사실적이고 구체적으로 묘사하려 했다. 첫번째 부류와는 반대로 상업도시로서 서울의 거리 풍경과 시장의 활기에 초점을 맞춰 도회지 실생활을 생생하게 드러냈다. 박제가의 시가 전형적 사례로 이후 모방작은 모두 그의 영향을 받아 비슷한 경향을 띠었다. 박제가, 신택권, 이학규, 신관호의 시가 여기에 속한다.

세번째 부류는 서울을 전아하고 품위 있게 묘사했다. 궁궐과 관아, 거리, 자연 등 수도 서울의 위풍당당한 아름다움을 드러냈다. 수도의 권위를 강조한다는 점에서는 첫번째와 유사하고, 경관을 사실적으로 묘사한다는 점에서는 두번째와 유사하다. 이덕무를 비롯해 다수 작가의 작품이 여기에 속한다.

첫번째 부류를 대표하는 신광하의 시를 먼저 읽어본다.

버드나무와 복사꽃, 오얏꽃 피는 2월 3월에는
낙유원樂遊園의 소년과 장대의 기생이
아침에는 북리에서, 저녁에는 남맥에서
노는 이들은 김씨나 장씨, 아니면 허씨나 사씨지.

백 잔이나 되는 포도주를 기울이고
천금을 흩어 부용비를 사주네.
임치는 본래부터 대국의 풍모가 있어
대낮에도 인파 속에서 사람을 을러대네.

신광하는 음력 2월이나 3월의 봄철에 거리를 활보하는 젊은 귀족의 행락을 묘사했다. 북리와 남맥 거리에서 낙유원을 찾아가고, 장대章臺의 기생과 어울리며 김씨·장씨·허씨·사씨의 젊은 귀족이 활보하고 있다. 거리 이름과 장소, 성씨는 모두 당시 서울의 실제 지명이나 성씨가 아니다. 중국 한나라와 당나라의 수도였던 장안의 유명한 유원지인 낙유원과 장대이고, 주요 거리인 북리와 남맥이다. 정조 당시에는 봄철 행락이 대단히 왕성해 북촌과 남촌이 꽃놀이로 떠들썩했으므로 실상을 반영하고는 있으나, 고대 중국 수도에서 벌어지는 상황으로 빗대었다.

그뿐 아니다. 중국 전국시대 제나라 수도인 임치로 서울을 대유했고, 중국 한나라 귀족과 외척 가문인 김씨·장씨·허씨·사씨로 18세기 서울의 경화세족을 비유했다. 또 그들이 마시는 술은 포도주요, 기생에게 사주는 물건은 부용비다. 당시 조선에서 흔히 접하는 술이나 물건이 아니다.

신광하는 서울 풍경을 중국 고대 한나라나 당나라 수도 분위기로 각색했다. 그 결과 서울의 거리 풍경을 고풍스럽고 장중한 분위기로 묘사함으로써 거룩한 왕도를 찬미하려는 목적을 달성했다.

시어나 지명이 한나라와 당나라풍의 웅장한 느낌을 주고 율조미律
調美가 살아 있다. 이 시를 정조는 "소리가 있는 그림"이라 평하고
장원으로 뽑았다. 서울을 중국 역사상 가장 번화했던 수도의 웅장
하고 고풍스러운 모습으로 살려낸 공로를 인정한 것이다. 그러나
구체성과 사실성, 진실성은 찾아보기 힘들다.

구성에서도 수도 창건 과정에 집중했으며 마지막은 영조 정조
의 거둥 장면과 궁궐과 관서 묘사로 마무리했다. 지나치다고 할 만
큼 왕도로서 서울을 과시한 반면, 상업 발달이나 사회상 묘사는 소
홀하다. 중간에 임진왜란 때 명나라 원군의 도움으로 수도를 회복
했다는 서술이 있는데 이는 억지스럽다.[10]

사실풍 서울 묘사
다음에는 두번째 부류에 속하는 박제가의 시를 인용한다.

청년들 한 무리가 떼 지어 몰려가니
팔뚝 위의 보라매가 털과 부리 뽐낸다.
집비둘기 이름만도 수십 종을 넘기고
곱게 꾸민 새장은 바람에 흔들흔들
오리 거위 한가롭게 제멋대로 쪼아대는
개천가의 주막에는 술지게미 산더미일세.
눈먼 장님 호통쳐도 개구쟁이들 깔깔대고

건널까 말까 망설일 때 다리는 벌써 기우뚱.
개백정이 옷 갈아입으면 사람들은 몰라봐도
개는 쫓아가 짖어대며 성을 내며 노려본다.
우스워라, 과거 급제 알리는 사령아!
네가 뭐가 급하다고 웃통 벗고 달리느냐?

서울 거리 곳곳에서 벌어지는 구체적 장면을 사실적이고 생생
하게 묘사하고 있다. 젊은이 한 무리가 매사냥에 나서는 모습, 애완
용 집비둘기 수십 종에 치장한 새장이 바람에 흔들거리는 모습, 오
리와 거위가 한가롭게 물에 떠 있는 청계천가에 술집이 있고 그 주
위에 술지게미가 산더미처럼 쌓여 있는 풍경을 묘사했다. 또 기우
뚱한 외나무다리를 건너려는 맹인의 아슬아슬한 위기와 그를 놀리
는 개구쟁이들, 개백정을 향해 짖어대는 개, 웃통을 벗어던진 채
알성시 급제자에게 통보하려 내달리는 정원사령政院使令을 묘사했
다. 6연 12구에 한 가지씩 모두 여섯 가지 풍경을 그렸다.
    서로 독립된 풍경들은 놀라울 정도로 당시 현실을 생생하게 드
러냈다. 대도회지 거리와 골목에서 벌어질 법한 수많은 사건과 장
면 가운데 선택된 장면들은 시인의 참신한 시선과 예민한 감각에
의해 역동적으로 해석된다. 예컨대 개가 사람 향해 짖는 장면을 개
장국이 널리 판매되던 서울의 식문화와 연결 지어 해석했고, "우스
워라~" 두 구절은 과거 급제자를 즉석에서 발표하는 극적인 대목
이다. 이 대목은 「한양가」에서 "설포장 지우고서 정원사령 불러내

어/ 성명 삼자 써서 주니 정원사령 거동 보소./ 잔주름 방패 철릭 통영갓 젖혀 쓰고/ 달음박질 내려올 제 만장중滿場中 선비 마음/ 심독회心獨喜 자부하여 가만히 듣는구나"라고 묘사한 장면으로 더 자세하게 묘사했다.[11]

박제가는 활력이 넘치는 거리를 서울의 전형적 풍경으로 선택해 도시풍경을 소묘하듯이 생생하고 입체감 넘치게 살려냈다. 여기에서 그의 작가적 역량은 극대화되었다. 박제가는 〈성시전도〉가 '카메라 옵스큐라camera obscura' 기법을 활용해 서울의 디테일을 화면에 축약해놓았다고 보았고, 그 역시 거대한 도회지와 인정세태의 디테일을 작품 속에서 풍부하게 사실적으로 묘사했다. 정조가 박제가의 시를 두고 "말할 줄 아는 그림解語畵"이라 평가한 이유는 장면 하나하나를 이야기로 살려낸 데 있었다.

한층 중요한 사실은 묘사 대상 선택이 다른 부류의 작품과 딴판이라는 데 있다. 다른 시인의 「성시전도」가 궁궐과 관아, 거리, 자연을 묘사해 서울의 권위와 아름다움을 찬미하는 반면, 박제가는 시장과 골목, 생활 풍속, 시정의 인간을 묘사하는 데 집중해 경관을 포착하는 시선에 큰 차이가 난다. 서울의 정치와 교육보다는 상업과 거리로, 궁궐과 관아보다는 시장과 민가로 시선을 돌리면서 전체적으로 제왕적 권위를 상징하는 장중한 서울보다는 인구가 조밀하고 물자가 풍부하며 활력 넘치는 상업도시로서 서울을 묘사했다.

박제가와 그를 모델로 삼은 시인들은 서울을 빈부와 미추, 선악이 공존하는 세속도시로 묘사했다. 남에게 보이고 싶은 위대한 서울이 아닌, 있는 그대로의 서울을 드러냈다. 소재와 어휘는 자연히 우아하기보다는 비속했고, 고풍스럽기보다는 가볍고 쉬웠다. 그에 따라 자잘하고 사소하며, 비속하고 외설스러운 작품이란 비난이 따랐으나 동시에 실상을 잘 형용했다는 호평도 받았다.[12]

이 경향은 서울이 상업도시이고 시는 그 실상을 드러내야 한다는 강력한 의도에서 나왔다. 박제가는 "차라리 가볍고 쉬운 일에서 자질구레한 모습을 찾으리라"라고 했고, 신택권은 "위대한 업적을 포괄하여 영탄의 작품에 넣으니/ 골목의 민요처럼 상스러운 말이 뒤섞였다"라고 했으며, 이학규는 "드러내놓고 한번 웃고 사람에게 묻노니/ 내 시가 상스럽지 않다고 여기겠는가?"라고 했다.

마지막으로 세번째 부류에 속하는 이덕무의 작품 가운데 시장 풍경을 묘사한 대목을 인용한다.

몰려왔다 몰려가고, 갔다가는 또 오면서
까마득한 인파가 그 끝이 보이지 않네.
만 사람이 먹은 마음 나는 잘 알겠거니
가난한 이는 돈 구하고 천한 이는 벼슬 구하지.
현자든 바보든, 늙은이나 젊은이나 날이면 날마다
가로세로 뻗은 종로 길에 개미처럼 몰려든다.
초헌이 지나가니 종 무리는 벽제辟除하고
작은 가마 돌아가니 계집종은 호위하네.

한가하다 저 공자는 어쩜 저리 멋있을까?
말과 안장은 찬란하여 화려함을 뽐내누나.

인파가 몰려드는 시장과 거리 풍경을 묘사한 대목이다. 이덕무
는 「성시전도시」에서 산천, 궁궐과 관아, 명소와 저택, 종로와 고관
행차, 시장과 교외의 순서로 서울 경관을 제시했다. 대체로 태평시
대의 번화하고 멋진 풍경을 채택했는데 인용한 대목은 작품 전체
에서 가장 상스럽다고 볼 만한 풍경이다. 이덕무의 시는 그래도 이
만수나 김희순 같은 작가의 작품에 비해 상업도시로서 서울의 분
위기를 잘 드러냈다. 이 부류에 속한 시인은 대부분 점잖고 화려하
게 도성의 지리와 궁궐, 상가, 인구, 승경지, 도회지를 묘사했다.
　정조는 신광하, 이만수, 이덕무, 정동간의 시를 상대적으로 높
이 평가했다. 장중한 표현으로 수도로서 서울의 권위와 화려함을
과장한 시가 국왕의 눈에 든 것은 당연하다. 하지만 박제가의 시를
배제하지 않고 차석으로 포상했다. 정조는 복고풍과 첨단풍, 장중
함과 비속의 양극단에 속한 작품을 수석과 차석으로 평가해 절묘
한 균형 감각을 드러냈다.

박 제 가 가 묘 사 한 길 거 리 풍 경
　「성시전도시」 15편 가운데 유난히 돌출한 작품은 박제가의 시
다. 정조가 매긴 등수와 무관하게 최우수작은 단연 박제가의 작품

박제가의 「성시전도」, 저자 소장 사본, 절첩본.
한재락의 『녹파잡기綠波雜記』에 부록으로 필사되었다. 중국 색지에 정교하게 필사했다. 맨 끝에 해상조오인海上釣鰲人의 "온 힘을 쏟아 묘사하였고, 이따금 맑고 굳세다"라는 배관기가 달려 있다. 「성시전도시」 가운데 박제가의 작품이 가장 인기가 있어 필사되어 전하는 작품이 꽤나 많다.

이었다. 15편 가운데 독자들이 필사해 널리 감상한 작품도, 신택권, 이학규, 신관호 등이 모델로 삼아 모방한 작품 역시 박제가의 것이다.

그는 행정도시 서울이 아니라 상업도시로서의 서울을 그리고자 했다. 국왕이나 고위 관료의 시선이 아닌 시민의 관점에서 서울을 읽고자 했다. 박제가는 중상주의자로서 상업과 공업을 진흥하고, 상설 시장과 같은 시장을 발달시키며, 절약보다는 소비를 진작하고, 이용후생의 길을 모색해야 한다고 주장했다. 사회와 도시를 보는 그의 시각은 그의 「성시전도시」 창작에 크게 영향을 끼쳤다.

이는 소재의 비중에서 바로 드러난다. 시장과 거리가 각각 21퍼센트, 42퍼센트로, 두 가지 소재가 대략 63퍼센트를 차지한다. 박제가는 시장과 거리에서 서울을 보았다. 경제사상가로서 시장경제가 활성화된 서울의 풍경을 군주에게 올린 작품에서 과감하게 제시했다.

박제가는 창덕궁과 창경궁, 경희궁의 묘사에서 시작한 뒤 바로 시장 묘사로 들어갔다. 분량상 궁궐이 14구인데 시장은 적어도 그 다섯 배를 넘게 차지한다. 그중 앞부분 24구를 인용한다.

배오개와 종루, 그리고 칠패라 하는 데는
바로 도성의 세 군데 큰 시장이다.
모든 장인 생업 차려 인파가 몰려들고
갖은 물산 이익 얻으려 수레바퀴 연달았네.
봉성 양털 모자, 연경 비단실에
북관 삼베와 한산 모시가 쌓여 있네.
쌀과 콩, 벼와 기장, 조와 수수, 보리에다
느릅과 녹나무, 닥과 옻칠, 솔과 오동나무에 신나무.
콩과 마늘 생강과 파, 부추와 겨자, 대자리에
포도와 대추, 밤과 귤, 배와 감이 쌓여 있네.
배 갈라 말린 생선, 꼬치에 꿴 꿩고기와
낙지와 조기, 가자미와 연어, 전어가 보이누나.

측백 잎으로 물을 뿌려 과일에는 물기가 떨어질 듯

목화씨로 계란 받치니 핥은 것보다 깨끗하다.

두부 파는 광주리는 탑처럼 높이 쌓였고

오이 담은 망태기 코는 노루 눈처럼 듬성듬성.

꽃게 상자 머리에 이고, 등에는 아이 둘러업고

갯가 아낙 머리쓰개는 푸르딩딩 무명천이로군.

어떤 자는 무게 재보려고 닭 한 마리 들고 섰고

어떤 자는 꽥꽥 소리 누르며 돼지 두 마리 짊어졌고

어떤 자는 땔감 바리 사서 소고삐 끌고 가고

어떤 자는 말 이빨을 본답시고 허리춤에 회초리 꽂고

어떤 자는 눈을 꿈쩍꿈쩍 거간꾼을 불러대고

어떤 자는 싸움 말리며 잘 지내라 타이른다.

당시 서울의 삼대 시장인 종로와 배오개, 칠패 시장에 몰려드는 인파와 상인, 장인, 중국 수입품, 전국의 각종 물산과 상품을 담은 용기, 생선 파는 갯가 아낙의 차림새, 이어서 두부장수, 닭장수, 돼지 사는 이, 땔감 실은 소, 거간꾼 등 시장에서 살아가는 다양한 인간 군상을 묘사했다. 시인은 자신의 역량을 시장 묘사에 쏟았다. 박제가의 독특한 시선이 분명하다.

박제가의 창의는 여기에 그치지 않는다. 상품 거래 외에 그의 시선을 끈 풍물은 연희였다.

상품 거래 마쳤으니 연희演戲를 청해볼까?

배우들 옷차림이 해괴하고 망측하다.

동방의 장대타기는 천하에 없는 거라

줄타기와 공중제비 하며 거미처럼 매달렸다.

한 곳에선 꼭두각시 무대에 올라오자

조선에 온 칙사조차 손뼉을 친다.

원숭이는 아녀자를 깜짝 놀라게 해

사람이 시키는 대로 절도 하고 꿇어도 앉네.

광대와 사당패 등 민간 예술인이 시장 근처 마당에서 벌이는 공연 여러 종류를 묘사했다. 연희 장면은 15편 가운데 박제가와 신관호의 작품에서만 등장한다.[13] 18세기 공연 문화, 특히 서울 공연 문화를 전형적으로 보여준다. 원숭이를 다뤄서 돈을 받는 시장의 공연은 순조가 쓴 「성시화기」와 〈태평성시도〉, 『추재기이』 34화에 등장하는데, 당시 서울 거리의 특징적 장면 중 하나였다.

여기에서 인용하지는 않았지만 연희 장면 뒤에는 노름꾼의 세계가 소개된다. 그만이 묘사한 장면이다. 노름은 18세기 이후 이슈로 부상한 사회 병리 현상의 하나다. 이처럼 박제가는 상업도시의 시장과 거리 풍경에 주목해 경제를 중심으로 벌어지는 인간 활동을 포착하는 신기원을 열었다.

남초와 집주름

박제가 이후에 신택권과 이학규, 신관호 세 시인도 「성시전도시」에서 시장과 거리 풍경을 흥미롭게 묘사했다.

신택권은 시장을 묘사하면서 "놀고먹는 시정잡배들 기지를 발휘하여/ 어리석은 백성을 현혹하여 사기 치기 일쑤라"[14]며 사기와 협잡이 판치는 시장판의 생리를 직설적으로 표현하기도 했다. 그는 특정 직업이나 현상을 집중적으로 묘사하는 방법을 자주 썼다. 한양 성곽을 수비하는 군사, 순라군의 순라 돌기, 한양의 각종 다리, 집 중개인, 담배 시장 등을 힘주어 묘사했다. 어느 하나도 정형화한 풍경이 아니다. 자신만의 독특한 시선으로 서울의 경제상을 보여주었다. 그 가운데 담배 시장과 집주름을 다룬 다음 대목을 인용한다.

동방의 상품 중에 제일가는 남초南草는
진안과 삼등 밭에서 흘러온다.
방방곡곡 절초전이 으뜸가는 상점이니
보통 물건 평범한 가게야 뉘 감히 맞서랴?
위로는 정승 판서, 아래로는 가마꾼까지
안으로는 규방에서 외방 고을 기생까지
입이 달린 사람이면 그 누가 안 즐기랴?
귀천과 현우 가리지 않고 한결같이 휩쓸리네.
손님 맞는 첫 예절로는 이 물건을 못 빼놓고

비변사 공무에는 흡연 빼면 한 일이 없네.
연다와 술 중에서 어떤 것이 더 좋냐고?
큰 주점은 당당하게 거부와 맞서네.

당시 산업에서 부가가치가 큰 상품이 바로 담배였다.[15] 신택권은 가장 목이 좋은 자리를 차지해 고객이 몰리는 절초전切草廛을 묘사했다. 절초전은 담배를 썰어서 파는 소매점이다. 신택권이 절초전과 흡연 열기를 서울 풍경으로 크게 다룬 것은 경제와 풍속에서 담배가 차지하는 위상을 고려할 때 매우 합당한 선택이었다.

신택권은 또 집주름, 곧 가쾌家儈를 비중 있게 묘사했다. 집주름은 부동산 거래를 중개하는 직업인으로 곧 부동산중개인이다. 집주름을 서울 생업에서 주요하게 다룬 인물은 오로지 신택권뿐이다.

특별히 집주름이 있어 생업을 꾸리니
큰 집인지 게딱지인지를 속으로 따진다.
천 냥을 매매하면 백 냥을 삯으로 받으니
동쪽 집 주인에게 서쪽 집을 가리킨다.
한 집이 이사하면 열 집이 움직이느라
짐 나르는 종과 짐 싣는 말은 일에 끝이 없다.
외진 골목에 팔짱 끼고 살자니 생계가 어려워
빈촌에 둥지 틀어 시장 가까이 산다.

남촌과 북촌에는 이름난 집 몰려 있어

부귀한 자는 성세에 기대어야지.

예로부터 양반은 조용하고 외진 곳을 좋아했으나

지금은 사대부가 시끄럽고 낮은 데를 탐낸다.

18세기 후반 서울은 주택 사정이 좋지 않았다. 또 집주릅의 생업활동이 매우 활발해 주민의 거주 이동이 빈번했고, 심지어 불필요하게 자주 집을 옮기도록 유도하는 중개업이 성행했다. 그 양상은 『흠영』과 『이재난고』 기사에도 나타난다.[16] 이 시는 중개업의 번영 현황을 서울 경제와 생활상의 주요 풍경으로 제시했다. 거간꾼의 중개료가 거래가의 10분의 1이나 되고, 사람들은 외진 골목보다 경제활동이 편리하고 이익을 많이 거둘 수 있는 시장 가까운 곳을 선호하며, 사대부조차 과거와 달리 오히려 시끄럽고 낮은 도심지를 선호하는 변화상이 보인다. 부동산 거래 문제를 사회 현상으로 조리 있게 묘사한 시문은 신택권의 이 작품이 가장 우수하다.

다음으로 신택권 이후 세대인 이학규와 신관호는 시장에서 어떤 장면에 주목했는지 살펴본다.

바닥에 쌓인 생선에서 비린내 살살 풍겨오고

사람 보곤 냅다 도망하는 놈은 돼지로군.

우스워라, 저 쌀장수는 빈 되질하면서

공연히 뒷수를 세며 염치없이 서 있구나.
누더기 입은 사내는 술에 취해 인사불성
상여채를 거꾸로 베고 뙤약볕 아래 잠잔다.
도랑에 고드름 맺힌 인적 끊긴 골목에는
까마귀가 울면서 썩고 비린 것을 쪼아먹네.
정수리에 물동이 이고 가는 어린 계집종
물동이 울며 쏟아질까 머리를 곧추세운다.

가련타! 꽃게 파는 인천 아낙네는
봉두난발 대광주리를 빗겨 안고
가련타! 숯 파는 사릉 사람은
비쩍 마른 말 끌고 나뭇짐 지고 걷기에 지쳤구나.
가련타! 광통교 색주가는
별자別字 쓴 등을 걸고 탁자를 늘어놓았네.
가련타! 구리개 약 파는 늙은이는
망건 쓰고 어슬렁어슬렁 주렴 안에 머무네.

　　두 장면에는 시장을 무대로 살아가는 각양각색의 도시 서민이
등장한다. 시인은 하나의 직업이나 인물에 집중하지 않고 다양한
직업과 인물을 스케치하듯이 묘사했다. 쌀장수, 술주정뱅이, 여종,
생선 행상, 나무꾼, 색주가, 약방 늙은이 등 다양한 인물이 나타나
도회지 시장의 생활상을 드러낸다. 특별한 술이란 광고판을 내건

술집, 을지로 한약방 거리 등 장소 묘사도 살뜰하다. 도시민의 인정 세태가 파노라마 형식으로 세밀하게 보인다.

〈성시전도〉와 서울 문화사

1792년 〈성시전도〉를 그림으로 제작하고 시로 짓도록 명령한 정조의 조치는 서울을 총체적으로 조감한 획기적 시도였다. 그 결과 많은 그림과 시가 창작되었고, 그 이후 서울을 '읽고' '보는' 다양한 시문과 회화 작품이 출현했다. 〈성시전도〉의 의의와 그 파생작을 두고 김기서金箕書는 이렇게 평가했다.

> 옛날 우리 선왕(정조-필자주)께서 화공에게 명하여 〈성시전 도〉를 만들게 하시고, 그 주제로 규장각의 여러 신하에게 고 시 7언 장편을 짓게 하셨다. 그 일이 지금까지 소대昭代의 성 대한 사건으로 전해온다. 다만 한양의 옛일을 접어두고 성시 만을 다루는 데 그쳤다. 따라서 (수도의 명승을 묘사한)『삼보 황도三輔黃圖』와 같이 거대하고 아름답고 굉장하고 위대한 자 취를 제대로 싣지 못했다. 지금 학사께서 큰 구절 긴 작품 외 에도 율시와 절구의 여러 시체를 써서 생각나는 대로 작품을 지었다. 자세하게 꿰뚫어 표현하고, 섬세하고 빠짐없이 묘사 하여 한양의 안과 밖을 모두 드러냈다. 고금을 돌아보니 마음 이 몹시 격양되었고, 여기저기 둘러보니 감탄이 나왔다. 갔다

가 돌아오듯이 휘감아 돌고, 흩어놓아도 좋고 합해놓아도 좋았다. 「성시전도시」와 비교하여 한층 자세하게 갖췄다고 하겠다.[17]

이 글은 지원芝園 강세륜姜世綸이 1817년 여름에 지은 「한경잡영」을 두고 내린 평가다. 이 무렵 강세륜은 홍의호, 강준흠과 함께 각각 40수 남짓 되는 서울을 묘사한 연작시를 지었다. 「성시전도시」에 영향을 받아 지은 작품이었다. 이보다 앞서 강이천이 서울 풍경을 시로 쓴 「한경사」 100수 역시 비슷한 작품이었다. 김기서는 이 일련의 작품이 「성시전도시」보다 더 자세하게 갖춰졌다고 호평했다. 1844년에 지어진 한글가사 「한양가」와 같은 장편가사 역시 「성시전도」의 영향을 받아 출현했다.

「성시전도시」는 18세기 후반에 서울을 다양한 시각으로 묘사해 도회지를 본격적으로 이해하는 길을 터놓았다. 전체로서 서울을 읽고 해석한 정조와 그의 신하 및 그 이후 세대의 공헌은 소중한 문화유산을 남겼다. 특히 박제가와 그의 영향을 받은 이들이 서울을 상업도시로 이해하고 활력 넘치는 시장과 길거리 민중 생활을 중심으로 서울 풍경을 그리려 한 시도는 획기적 의의를 지닌다.

주

미식가 심노숭과 서울의 맛

1) 심노숭, 『남천일록南遷日錄』 상권, 국사편찬위원회, 140쪽. 이는 『맹자』 「고 자상告子上」에 나오는 말이다.

2) 김영진, 「유배인 심노숭의 고독과 문필로써의 소수消愁」, 『근역한문학』 37, 근역한문학회, 2013, 79~108쪽; 정우봉, 「심노숭의 자전문학에 나타난 글 쓰기 방식과 자아 형상」, 『민족문화연구』 제62호, 2014, 89~118쪽.

3) 안대회, 『담바고 문화사』, 문학동네, 2015, 77~89쪽.

4) 심노숭 지음, 안대회·김보성 옮김, 『자저실기』, 휴머니스트, 2014, 55쪽.

5) 심노숭, 『효전산고孝田散稿』 25책, 「해악소기海嶽小記」, 연세대학교 소장 사 본.

6) 심노숭, 『남천일록』, 임술 1802년 8월 10일 기사; 『효전산고』 9책, 「산해필

희산해필희山海筆戱」.

7) 심노숭,『효전산고』 2책,「장가행」.

8) 조병빈,『관와유고寬窩遺稿』 하권,「산중의 일, 다른 시인의 시에 차운하다山中事, 次人韻」 제86수, 규장각 소장 사본.

9) 심노숭,『효전산고』 3책,「기장현서사機張縣書事」 '음식(飮食)'.

10) 이 작품의 창작 동기와 서정은 김영진,『눈물이란 무엇인가』(태학사, 2001, 47~50쪽)에서 인상적으로 다루었다.

11) 심노숭,『효전산고』 2책,「동원」.

12) 심노숭,『효전산고』 10책,「산해필희」.

13) 이재운(李載運) 지음, 안대회 옮김,『해동화식전海東貨殖傳』, 휴머니스트, 2019, 139쪽. 1750년 전후에 지은 이재운의『해동화식전』에서는 군칠이 집에서 날마다 300~400냥을 번다고 밝혔다. 박종선(朴宗善)은「경도세시사京都歲時詞」에서 "아침마다 개를 잡아 개장국을 올리니, 군칠이집에서는 예를 배우지 않았나보다(朝朝副狗仍羹獻, 君七家中讀禮無)"라 했다. 유만공 (柳晩恭)은『세시풍요歲時風謠』에서 "명성이 자자하던 그 시절 군칠이집, 지금도 거리 상점은 그 이름 많이 빌리지. 평양의 냉면과 개성의 산적은 흉내내기 어려우니 너를 어쩌면 좋을까(藉藉當年君七家, 至今街肆借名多. 西京冷麪松京炙, 倣樣來難奈爾何)"라고 읊었다. 시에 단 주석에서 "옛날에 군칠이라는 술집이 있었는데 술을 잘 빚어 이름이 떠들썩하게 났다. 지금도 술집하면 군칠이집이라 한다(酒肆古有君七者, 以善釀騰名. 至今酒家曰君七家)"라 했다. 이운영은 일본 교토대학교 가와이문고에 소장된『영미편瀕尾編』에서, 부유한 역관이 기녀의 환심을 사기 위해 호사를 부리는 대목에서 "남

자 군칠 여자 군칠 집에서 각양각색의 어육을 사온다(買來男君七·女君七各樣魚肉)"라고 묘사했다. 서명인의 언급과 일치한다. 한편 『남원고사』에서 남원 한량들이 수작할 때 부채질하는 왈자를 책망하며 "이 자식아! 네가 군칠이집 더부살이 살 제 산적 굽던 부채질로 사람을 기가 막히게 부치느냐?"라고 했다. 이처럼 군칠이집은 18세기 중반 이래 서울을 대표하는 음식점 술집으로 명성이 자자했다.

14) 심노숭, 앞의 책, 「제향루집서후題香樓集敍後」.

15) 김조순 지음, 이성민 옮김, 『풍고집楓皐集』 권6, 성균관대학교 대동문화연구원, 2019.

명품과 사치

1) 이헌창, 『한국경제통사』, 해남, 2012(제5판), 212~221쪽.

2) 고동환, 『조선시대 서울 도시사』, 태학사, 2007, 212~213쪽.

3) 노긍(盧兢)의 「시장 구경觀市」(편자 미상, 『응옥당총서凝玉堂叢書』, 규장각 소장 사본)은 상품과 재물이 흘러넘치는 화두(貨竇)로 이름난 전주의 서문 시장을 묘사한 장편 거작이다. 18세기 이후에는 시장을 묘사한 문학작품이 많이 나온다.

4) 김세희, 『관아당유고寬我堂遺稿』, 「종가기鐘街記」, 규장각 소장 사본(이종묵, 『글로 세상을 호령하다』, 김영사, 2010, 52~55쪽).

5) 서유구 지음, 임원경제연구소 옮김, 『임원경제지―이운지』, 풍석문화재단, 2019, 453쪽.

6) 서유구, 위의 책 권4, 「문방아제文房雅製 하」, 335쪽.

7) 서유구, 위의 책 권1, 226쪽.

8) 우하영, 『천일록』 상권 5집, 「사검奢儉」, 비봉출판사, 1982, 702~711쪽.

9) 우하영, 위의 책 하권, 625~649쪽.

10) 유본학, 『문암문고』 건권(乾卷), 「증변초관기서贈邊哨官琦序」, 개인 소장 사본.

11) 이학규, 『낙하생전집洛下生全集』 하권, 「고불고시집觚不觚詩集」, '감사삼십사 장(感事三十四章)', 아세아문화사 영인본, 1985, 265~279쪽.

12) 정조(正祖), 『홍재전서弘齋全書』 권177, 『일득록日得錄』 17, 한국문집총간 267집. 한국고전번역원. 이하 한국고전번역원 출간 한국문집총간은 총 간으로 쓰고, 출판처와 연도를 생략한다.

13) 명나라 후기 소품서에 반영된 소비문화를 흥미롭게 분석한 책에는 다음과 같은 것이 있다. 모문방(毛文芳), 『만명한상미학연구晩明閒賞美學研究』, 학생 서국(學生書局), 2000; Craig Clunas, Superfluous Things: Material Culture and Social Status in Early Modern China, University of Hawaii Press, 2004.

14) 원굉도 지음, 심경호·박용만·유동환 옮김, 『역주 원중랑집』 5권, 소명출 판, 2005, 400쪽.

15) 유만주, 『흠영欽英』 제3권, 서울대학교 규장각 영인본, 1997, 169쪽.

16) 안대회, 「통원通園 유만주의 조경造景 미학」, 『한국전통조경학회지』 27권, 2009, 48~56쪽; 김하라, 「유만주의 『흠영』 연구」, 서울대학교 박사학위 논 문, 2011, 59~76쪽.

17) 심노숭 지음, 안대회·김보성 옮김, 『자저실기』, 휴머니스트, 2014, 58쪽.

18) 유만주, 앞의 책, 1780년 6월 15일 기사.

19) 장진성, 「朝鮮後期古董書畵收集熱の性格―金弘道の・『布衣風流圖』と『士人肖像』こ對する檢討」, 『美術硏究』394호, 2008, 496~530쪽; 장진성, 「조선 후기 미술과 『임원경제지』―조선 후기 고동서화 수집 및 감상 현상과 관련하여」, 『진단학보』108호, 2009. 107~130쪽.

20) 이학규, 앞의 글.

취미의 발견

1) 이덕무, 『청장관전서』권28, 『사소절』, 「사전士典」2.

2) 안대회, 「18세기와 21세기를 읽는 키워드 마니아」, 『디지털과 실학의 만남』, 신규장각, 2005, 70~106쪽.

3) 박제가(朴齊家), 「백화보서百花譜序」(안대회 옮김, 『궁핍한 날의 벗』, 태학사, 2000, 35쪽).

4) 홍현주, 『해거수발海居漫拔』, 「벽설증방유능癖說贈方幼能」, 규장각 소장 사본(안대회 역, 『부족해도 넉넉하다』, 2009, 김영사, 91~95쪽, 재인용).

5) 서유구, 『임원경제지』, 「예원지인藝畹志引」.

6) 송지원, 「음악의 '멋' 추구 향방」(안대회 외, 『맛멋흥취통―18세기를 읽는 다섯 가지 키워드』, 아카넷, 2020).

7) 이학규, 앞의 책, 앞의 글, '감사삼십사장'.

8) 유현주, 「'상영도觴詠圖' 이본異本 연구」, 『민속학연구』제34호, 국립민속박물관, 2014, 61~86쪽; 박정혜, 「남승도로 본 조선 명승」(정치영 외, 『조선의 명승』, 한국학중앙연구원 출판부), 2016, 93~102쪽.

9) 이종묵, 「『팔선와유도』와 남승도 놀이」, 『문헌과 해석』 43집, 2008, 99~121 쪽. 유본정(柳本正, 1807~1865)의 〈팔선와유도〉를 중심으로 남승도의 기능과 의의를 자세히 설명했다.

10) 김대중, 『풍석 서유구 산문 연구』, 돌베개, 2018, 167~172쪽.

11) 숙종과 고양이에 관한 기록으로 이하곤(李夏坤)의 「대궐 고양이에 관한 일을 쓰다書宮猫事」와 김시민(金時敏)의 「고양이 금손 노래金猫歌」, 이익(李瀷)의 「고양이 금손金猫」(『성호사설』) 등이 있다.

12) 이학규, 앞의 책, 앞의 글, '감사삼십사장'.

13) 정우봉, 「『동국금석평東國金石評』의 자료적 가치」, 『민족문화연구』 37집, 2002, 75~124쪽; 정민, 「18세기 지식인의 완물玩物 취미와 지적 경향」, 『고전문학연구』 23집, 2003, 327~354쪽.

14) 이덕무, 앞의 책, 권50, 「이목구심서」 3. 이덕주(李德冑)는 「비둘기 사육자 이야기養鳩者說」(『가림사고嘉林四稿』)에서 이 취미를 작심하고 비판했다.

15) 윤기, 『무명자집無名子集』 4권, 2014.

16) 이규경, 『오주연문장전산고五洲衍文長箋散稿』, 「발합변증설鵓鴿辨證說」.

17) 이규경, 위의 책, 「금어화어변증설金魚花魚辨證說」.

18) 서유구 지음, 임원경제연구소 옮김, 『임원경제지―이운지怡雲志』, 풍석문화재단, 2019, 577쪽.

19) 정민, 「화암구곡花庵九曲의 작가 유박(柳璞, 1730~1787)과 화암수록花庵隨錄」, 『한국시가연구』 14집, 2003, 101~133쪽; 안대회, 「번잡한 세상을 등진 채 꽃나라를 세운 은사―원예가 유박」, 『벽광나치오』, 휴머니스트, 2011(개정판), 333~367쪽; 하지영, 「남희채南羲采의 『중향국춘추衆香國春

秋』소고」, 『한국한문학연구』51집, 2013, 575~608쪽; 김용태, 『19세기 조선 한시사의 탐색』, 돌베개, 2008, 139쪽.

20) 남희채(南羲采), 『중향국춘추』, 「식화지食貨志」, 국립중앙도서관 소장 사본.

21) 조면호(趙冕縞), 『옥수집玉垂集』권23, 「매화를 경계하는 상말戒梅俚語」, 총간 127권.

22) 이희천, 『석루유고石樓遺稿』곤(坤), 「만석루상량문萬石樓上樑文」, 규장각 소장 사본.

23) 목만중, 『여와집餘窩集』권30, 「뇌뢰정기」, 총간 속집 90집. 이 글은『한국산문선』7(안대회·이현일 편역, 민음사, 2017)에 '수석에 정을 붙인 선비'란 제목으로 수록되었다. 이용휴(李用休)도 이여중(李汝中)에게 같은 제목의 기문(『탄만집炭曼集』, 「뇌뢰정기」, 총간 223집)을 지어 세상과 절연한 채 고고하게 살아가는 모습을 돌의 품성에 빗대었다.

24) 김용태, 앞의 책, 140~142쪽; 189~193쪽.

25) 조면호, 앞의 책, 권12, 「예십일석」, 369쪽.

26) 유재건(劉在建), 『이향견문록里鄕見聞錄』8권, '이석당유신(李石塘維新)', 아세아문화사 영인본, 1974, 405쪽.

27) 이현일, 「조선후기 고동완상의 유행과 자하시」, 『동아시아문화연구』37, 2003, 139~161쪽.

28) 강세황(姜世晃) 지음, 김종진 외 옮김, 『표암유고豹菴遺稿』, 「괴석怪石」, 지식산업사, 2010, 517쪽.

도회지를 어슬렁거리는 똑똑한 백수 양반

1) 서명인, 『취사당연화록』 3편, 「곤아세초昆兒歲初」, 서울대학교 규장각 소장 필사본 2책. 이하 같음.

2) 『취사당연화록』은 필사본으로 1946년에 서울대학교 중앙도서관에 들어와 현재까지 소장돼 있다. 저자가 직접 산정(刪定)한 자편본으로 사자관(寫字官)이 정성 들여 필사했다. 저자가 편찬한 다른 책으로는 부친 서종화의 문집 『약헌유집藥軒遺集』 8권 4책이 있다.

3) 서명인, 앞의 책, 「제우인벽題友人壁」.

4) 서명인, 앞의 책, 「한지삼장 장십구漢之三章, 章十句」.

5) 서명인, 앞의 책, 「기술하자면」.

6) 서명인, 앞의 책, 「이의봉 참판과 더불어 우도를 논한 편지與伯祥李參判義鳳論友道書」. 공조참판 이의봉에게 보낸 편지에서 벗을 보는 관점을 밝혔다. 이 편지는 당시 서족 지식인이 불합리한 조선 사회를 보는 시선을 잘 드러내고 있다.

7) 서명인, 앞의 책 4편, 「동대문을 나와」.

8) 서명인, 앞의 책 3편, 「길 위에서」.

9) 서명인, 앞의 책 3편, 「청풍계를 찾았다, 어제는 아계에서 노닐었다訪淸風溪, 昨遊丫溪矣」.

10) 서명인, 앞의 책, 「한 번 통곡하네」 평어.

11) 「백단선白團扇」 8수 역시 기녀가 쥐고 있는 부채라는 소재를 써서 여성 생활을 묘사했는데 평자가 "한 수 한 수가 교태요, 한 구 한 구가 애교며, 한 자 한 자가 치정이다"라고 할 만큼 기녀의 심리를 생생하게 표현했다.

12) 원주: "최익남은 일찍이 기방에서 재주로 명성이 났다(崔益男嘗才名華房間)." 이봉환, 『우념재시집雨念齋詩集』. "최익남의 병석에는 가희와 금사가 곁을 지키고 있었다(崔士謙益男病所, 有歌姬琴師在傍)."

13) 이규상 지음, 민족문학사연구소 한문분과 옮김, 『18세기 조선인물지幷世才彦錄』, 창작과비평사, 1997, 107쪽.

공부하는 보통 사람

1) 오광운, 「소대풍요서昭代風謠序」(고시언 엮음, 『소대풍요』), 1737.

2) 이규상, 「일몽고一夢稿」, 『한산세고韓山世稿』 21권, 「배우기를 권한다」.

3) 정순우, 『서당의 사회사』, 태학사, 2013.

4) 『승정원일기』, 영조 29년 10월 9일 기사.

5) 강명관, 『조선후기 여항문학 연구』, 창작과비평사, 1997, 90~95쪽.

6) 안대회, 「노비, 한양의 스타 강사 되다─서당 선생 정학수」, 『조선을 사로잡은 꾼들』, 한겨레출판사, 2010, 235~250쪽; 안대회, 「반촌과 반인」(안대회 외, 『성균관과 반촌』, 서울역사박물관), 2019, 180~266쪽.

7) 『승정원일기』, 영조 20년 11월 26일 기사.

8) 황윤석, 『이재란고頤齋亂藁』 제4책 권21, 영조 52년 2월 3일, 308쪽.

9) 정조, 『홍재전서』 제172권, 「일득록」 12; 『일성록日省錄』, 정조 12년(1788) 12월 22일 기사. 수학자 문광도(文光道)의 책을 보고 수학을 터득한 그의 행적은 『만취정고晚翠亭稿』에 입전(立傳)되었고, 그 글이 『이향견문록』에 전재되었다. 여항인 김의행(金義行)의 『삼류자유고三留子遺稿』에 실려 있는 「한생에게 주는 편지與韓生書」는 1783년 한이형에게 보낸 편지로 남들과 어울

리지 말고 학업에 열중할 것을 격려하고 있다(김영진, 「18세기 중인 아회雅會의 현장」, 우리한문학회, 2013년 8월 17일 발표문).

10) 박윤묵(朴允默), 『존재집存齋集』권23, 「근광수록서近光隨錄序」, 여항문학 총서 4, 587쪽. 왕태가 문집의 이름을 『근광록近光錄』이라고 붙인 까닭은 미천한 신분이 국왕을 알현한 영광을 기념해서다.

11) 장지완, 『비연상초斐然箱抄』권2, 「송안상사서送安上舍序」, 국립도서관 소장 사본.

12) 안대회, 「"그래, 나는 종놈이다" 외친 천재 문인」, 『조선의 프로페셔널』, 휴머니스트, 2007(개정판 『벽광나치오』, 2011), 369~403쪽; 안대회, 「18세기의 노비 시인 정초부」, 『역사비평』 94호, 2011, 361~390쪽.

13) 황인기는 「이단전전李亶佃傳」(『일수연어一水然語』, 국립중앙도서관 소장 사본)에서 이단전이 여항 시단에서 차지한 위상을 다음과 같이 평가했다. "여항 사이에서 우뚝하게 솟아난 인물은 이루 다 헤아릴 수 없으나 이단전과 같은 처지는 겨우 한두 명 있을 뿐이다. 가르치지 않았는데도 공부하여 빈천과 우환에도 그 지조를 바꾸지 않았으니 사대부 자제들은 식은땀을 흘리며 부끄러워 몸 둘 바를 몰라야 마땅하다. 그러나 이단전은 죽어서 이름이 사라지고 굶어죽는 신세를 면하지 못했으니 애석하구나!"

14) 이시필 지음, 백승호·부유섭·장유승 옮김, 『소문사설, 조선의 실용지식 연구노트』, 휴머니스트, 2011, 41쪽.

15) 이시필, 위의 책, 219쪽.

16) 송만오, 「서경창의 인물과 사상: 특히 그의 생재론生財論과 『종저방種藷方』의 편찬을 중심으로」, 『역사학연구』 19집, 2002.

17) 심노숭, 『효전산고』 6책, 「최만호문권서崔萬戶文卷序」.

노비 시인 정초부

1) 성대중, 『청성잡기』 권4, 「성언」. 『영조실록』, 무인 7월 경신조와 황윤석의
   『이재란고』에서도 홍세태의 노비 신분과 면천 과정을 밝힌 글이 보인다.

2) 『승정원일기』, 1753년 7월 14일 기사.

3) 황윤석, 『이재란고』 제4책 권리, 초구일 병신조.

4) 여춘영, 『헌적집』, 「임성초군이 내게 근래 이단전이란 자가 있는데 몹시 한
   미하지만 시를 잘 짓는다고 말해주고 그의 빼어난 시구 몇 가지를 외웠다.
   그의 재능과 성품을 살펴보니 정초부와 나란한지라 한번 보고 싶었으나 기
   회를 얻지 못했다任君盛初爲余言, 近有李亶佃者, 微甚而能詩, 仍誦其秀句若干. 觀其
   才性, 恰如樵夫伯仲, 思一見而不可得」, 규장각 소장 사본.

5) 안대회, 「"그래, 나는 종놈이다" 외친 천재 문인」, 『벽광나치오』, 휴머니스
   트, 2011.

6) 여춘영, 앞의 책 권5, 「정초부 제문祭樵夫文」.

7) 여춘영, 앞의 책, 「만초부輓樵夫」 제5수.

8) 유한준, 『자저自著』 권23, 「승지김공상묵애사承旨金公尙默哀辭」, 총간 249집.

9) 김종수(金鍾秀), 『몽오집夢梧集』 권4, 「제백우초창시권題伯愚樵唱詩卷」, 총간
   245집.

10) 김종수, 앞의 책, 「연보年譜」.

11) 조수삼(趙秀三), 『추재집秋齋集』 권6, 「유산 정학연 및 동랑과 함께 읊다 11
    수與丁酉山學淵冬郎共吟 十一首」 제6수, 총간 271집.

남휘와 비구니, 금기를 깬 연애 시대

1) 『시과』는 장서각에 소장된 1책의 과시 선집이다. 독특한 주제의 작품이나 참신한 작가를 골라 시를 수록했다. 허균, 남휘, 이현급 등의 작가가 포함되어 있다.

2) 임천상(任天常),『쇄편요록瑣編要錄』, 국립중앙도서관 소장 사본, 164~165쪽.

3) 계양은 곧 부평(富平)으로 인천시와 경기도 부천에 걸친 지역이다. 남휘의 선산이 부평에 있었다.

4) 박규홍,「석하石霞 소장所藏 고시헌서철古時憲書綴에 필사筆寫된 시가작품詩歌作品」,『계간서지학보』8호, 한국서지학회, 97~120쪽.

5) 유만주,『흠영欽英』3책, 1781년 6월 14일 조, 469쪽.

6) 안대회,「노래를 지어 비구니를 꼬이다作歌招女僧」의 소개—남휘의『승가』를 개작한 이현급의 과시」,『문헌과해석』76권, 2016, 97~109쪽. 이현급은 광주(廣州) 이씨로 1738년 생원시와 진사시에 급제했고, 1745년 정시(庭試) 문과에 을과(乙科) 1위 곧 전체 2등인 방안(榜眼)으로 급제했다. 뒤에는 예조 좌랑 등의 벼슬을 지낸 서울의 명문 사대부였다. 영조조에 과시를 잘 짓는 문인으로 유명했는데, 특히 연애감정을 표현한 주제를 즐겨 지었다.

7) 한 사례로 병조 서리를 지낸 김수장(金壽長, 1690~?)은 다음과 같이 사설시조로 각색했다. 남휘가 두번째로 보낸 가사의 후반부를 변형해 만들었다. 쓸쓸히 불도만 닦다가 허망하게 죽느니 살아서 온갖 부귀영화를 함께 누리는 것이 낫다고 권유한다. 이 내용이 남휘가 비구니를 유혹한 핵심이기에 사설시조로 만들었다. "삭발위승(削髮爲僧) 아까운 각씨 이내 말을 들어보

소./ 어둑 적막 불당 안에 염불만 외우다가 자네 인생 죽은 후면 홍두깨로 턱을 괴어 채롱에 입관하여 더운 불에 찬재 되면 공산(空山) 궂은비에 우지지는 귓것이 너 아닌가?/ 진실로 마음을 돌이키면 자손만당(子孫滿堂)하여 헌 머리에 이 꾀듯이 닫는 놈 기는 놈에 영화부귀로 백년동락 어떠리."(『주씨본 해동가요』)

8) 유진한 지음, 송하준 옮김, 『국역 만화집』, 학자원, 2013, 197~223쪽.
9) 이윤석, 『도남문고본 춘향전 연구』, 경인문화사, 2012, 33~41쪽.

윤기가 묘사한 상업도시 서울의 음지

1) 최기숙, 「혜환惠寰·무명자·항해沆瀣의 비평적 글쓰기를 통해 본 "인人-문文"의 경계와 글쓰기의 형이상학」, 『동방학지』 제155집, 2011, 202쪽.
2) 제목에 세태 비평의 내용을 올린 산문만 뽑아도 「자신에게 긴요한 것만 추구하는 풍속을 논함論緊俗」 「근세의 풍습을 논하다論近世風習」 「세상을 사절하며謝世辭」 「세도를 탄식하다歎世道」 「세변을 기록하다記世變」 「세태를 기록하다記世態」 등이 있다.
3) 윤기는 1814년에 쓴 「정상한화井上閒話」에서 "혹시 하늘이 조선에 대해 명환(名宦)의 사대부를 제일등 양반으로 삼고, 여기에 들지 못하는 자와 모든 세상 사람을 똑같이 뒤섞어 일색의 명칭인 '양반'으로 만들려는 것인가"라 말했다. 제일등 양반을 제외한 모든 사람은 '양반'이라 불리는 서민이고, 자신도 그중 한 사람이란 의식을 지녔다.
4) 윤기 지음·강민정 외 옮김, 『무명자집』, 성균관대학교 대동문화연구원, 성균관대학교출판부, 2014, 권3, 「방문하지 않아不訪」.

5) 윤기, 앞의 책 권2, 「이단전의 시에 차운하여 주다次贈李亶佃」.

6) 「벙어리가 되기로 맹세하다誓瘖」에서 "무명자는 세상의 모든 일에 어두워, 아는 지식이 없고 도모하는 일도 없으니, 천하에 쓸모없는 사람이다"라고 자조했다.

7) 1768년에 순성(巡城)하고 지은 「희민 · 경집과 함께 도성을 돌아보며與希敏景執巡城 聯句作索對體」, 1791년작인 「다리 힘을 시험해보려고 아이들을 따라 도성을 돌다가 백악에 이르렀을 때 입에서 나오는 대로欲試脚力, 從兒輩巡城, 至北嶽口占」와 「동대문에 올랐다가 도성을 돌며 지난날 도성을 돌며 지은 연구시의 운을 사용하여上東門, 因巡城, 用昔日巡城聯句韻賦之」가 있다.

8) 윤기, 앞의 책, 시집 6책, 「매매詠買賣」.

9) 첫째 수는 까치가 집을 지으면 흉하다는 속설을 믿고 까치집을 부순 사연이다. 둥지와 알을 잃고 애처롭게 우는 까치의 정경은 영문도 모른 채 삶의 터전을 잃어버린 빈민의 비참한 처지를 빗대고 있다. 둘째 수는 술에 취한 취객을 비웃은 귀인에게 취객이 반대로 욕망과 사치에 취한 귀인을 비웃은 시다. 셋째 수는 한양에서 명주를 팔려던 시골 사람이 세도가의 겸인(傔人)에게 사기를 당해 명주를 강탈당했으나 법은 도리어 겸인 편에 선 사연이다. 넷째 수는 계모로부터 갖은 학대를 당하는 어린아이의 사연이다.

10) 윤기, 「잡요」, "까치야! 네가 똑똑하지 못하구나! 어째서 사람이 없는 드넓은 들판에 둥지를 틀지 않았느냐(鵲乎爾不智, 何不巢廣漠之野無人域)."

조수삼이 그린 시정의 인간 군상

1) 조희룡(趙熙龍), 『호산외기壺山外記』, 「조수삼전趙秀三傳」, 아세아문화사, 1974, 68~70쪽.

2) 조수삼, 『연상소해』, 「서序」, 수경실(修經室) 소장 사본.

3) 조수삼, 위의 글.

4) 조수삼 지음, 안대회 옮김, 『추재기이』, 한겨레출판, 2020, 20~22쪽. 『추재기이』는 모두 이 책을 인용하되 인용처를 따로 밝히지 않는다.

5) 각각의 인물이 각종 문헌에 등장하는 정황은 안대회의 『조선을 사로잡은 꾼들』(한겨레출판부, 2010)을 참조하라.

6) 강이천(姜彝天)의 「이화관총화梨花館叢話」와 같은 여러 문헌에는 민간에서 공연되는 구기 예술인을 보고하고 있는데 함께 주목할 필요가 있다. 안대회, 『조선의 명문장가들』(『고전산문산책』의 개정판), 휴머니스트, 2016, 496~503쪽.

7) 안대회, 「한양 유흥가의 정사사건」, 『조선을 사로잡은 꾼들』, 166~180쪽.

〈성시전도〉와 한양의 도시인

1) 국립중앙박물관에 소장된 〈태평성시도〉는 〈성시전도〉에서 파생된 작품으로 서로 밀접한 관련을 맺고 있다. 다만 정조의 명에 따라 그린 작품으로 보기는 어렵다. 앞으로 〈성시전도〉 실물이 발굴될 가능성은 충분하다.

2) 나는 이 글의 초고를 완성한 2009년까지 작품 9종을 발굴하고 표점을 달아 『문헌과해석』 2009년 봄호에 「성시전도시 9종」이란 제목으로 해제를 붙여 수록했다. 이후 정동간과 이희갑, 김희순의 작품 3종을 추가 발굴하여 『문헌

과해석』 2013년 봄호에「새로 찾은 성시전도시 3종」이란 제목으로 해제를 달아 소개했다. 이후 박현욱이 2014년에 수원박물관에 소장된 이집두(李集斗)의「성시전도시」 1종을 추가로 발굴했고(박현욱,「이집두의〈성시전도시〉」,『향토서울』 87호, 서울역사편찬원, 2014, 39~74쪽), 최근 내가 다시 2편을 추가로 찾아내 모두 15편에 이른다. 15편의 작품을 역주하는 작업을 진행하고 있다.

3) 간행본『아정유고雅亭遺稿』 권2에 실린「성시전도시」의 소서(小序)에서 밝힌 내용이다. 이 문집은 이덕무 사후 정조의 명에 따라 1796년에 간행되었다. 이때 그렸다는〈성시전도〉의 제작 사실과 과정은『내각일력內閣日曆』에는 나오지 않는다.『내각일력』의〈성시전도〉 제작 사실은 1796년 6월 25일에 처음 등장한다.

4) 유본예(柳本藝),『수헌집樹軒集』, 개인 소장, 필사본. 이보다 50년 앞서 황윤석은 1775년에「의증수동국여지승람예인擬增修東國輿地勝覽例引」(『이재유고頤齋遺藁』 권25, 총간 246집)을 지어 비슷한 계획안을 제출했다.

5) 하나의 실례가 박제가의「성시전도시」다. 박제가가 중국에서 간행한 선집『정유고략貞蕤稿略』에〈성시전도〉가 수록되었고 중국에도 유포되었다. 그 때문에 외국인에게 조선의 수도를 파악하는 단서로 이용될 우려를 자아냈다. 이유원의『임하필기』「춘명일사春明逸史」, '성시전도' 조에서 "성시전도는 그림이 아니라 시로서 박제가 작품이다. 시체(詩體)가 죽지사(竹枝詞)와 같아 온 지면에 나열된 내용이 모두 우리나라 풍속이다. 그 시가 중국에 들어가자 정조 임금께서 깊이 헤아려 살피고는 그 사람을 처벌했다. 이 시는 오성란(吳省蘭)이 편집한『예해주진藝海珠塵』에 실려 있다"라고 기록했다.

6) 강관식,『조선후기 궁중화원 연구』상, 돌베개, 2001, 243~334쪽.

7) 순조,『순재고純齋稿』,「성시화기」, 총간속 120집.

8) 서유구의「성시전도시」는 문집에 실려 있지 않고,『내각일력』에 실려 있다.
   『내각일력』1792년 4월 27일 조에는「성시전도시」두 편이 실려 있는데, 하
   나는 이만수(李晩秀)의 작품이고, 다른 하나는 서유구의 작품이다. 서유구
   의 작품은 합격했거나 어평을 받은 것이 아니다. 작품성도 그리 우수한 편
   이 아니다. 그런데도『내각일력』에 실린 것은 그 무렵 서유구가 자주 규장
   각에 입직(入直)했기에 자신이 직접 수록했거나 그를 대우하여 수록했을 것
   이다.

9) 박제가,「성시전도응령城市全圖應令」,『정유각삼집貞蕤閣三集』, 친필 사본.

10) 신광하(申光河),『진택집震澤集』,「어제어비 성시전도 칠언백운고시御題御批
    城市全圖七言百韻古詩」, 아세아문화사 영인본.

11) 박성의 교주,『농가월령가農家月令歌·한양가漢陽歌』, 민중서관, 1974. 시험
    뒤에 바로 급제자를 발표하는 극적인 장면이 윤기의「반중잡영泮中雜詠」
    제109수에도 자세히 묘사되었다.

12) 이규경,『오주연문장전산고』,「인사편人事篇/ 논례류論禮類」, '배례(拜禮)'
    [9]조, 한국고전번역원, 한국고전번역DB.

13) 신관호는 산대도감극과 처용무를 4구로 간략하게 다루고 있다.

14) 신택권,『저암만고樗庵漫稿』권5,「성시전도의응제 백운고시城市全圖擬應製,
    百韻古詩」, 사본, 규장각 소장.

15) 안대회,『담바고 문화사』, 문학동네, 2015.

16) 황윤석이 기록한 한양의 집값 변동은 정수환의「18세기 이재 황윤석의 화

폐경제생활」(『고문서연구』 20, 한국고문서학회, 2002)에 정리되어 있다.

17) 김기서(金箕書), 『화초만고和樵謾稿』, 「서지원한경잡시후書芝園漢京雜詩後」, 사본, 연세대학교 중앙도서관 소장.

한양의 도시인

선비는 연애하고 노비는 시를 짓네
ⓒ 안대회 2022

초판 인쇄   2022년 11월 18일
초판 발행   2022년 11월 25일

지은이 안대회
기획·책임편집 구민정 | 편집 유지연 임혜지
디자인 엄자영
마케팅 정민호 이숙재 박치우 한민아 이민경 안남영 왕지경 김수현 정경주 김혜원
브랜딩 함유지 함근아 김희숙 고보미 박민재 박진희 정승민
제작 강신은 김동욱 임현식 | 제작처 영신사

펴낸곳 (주)문학동네 | 펴낸이 김소영
출판등록 1993년 10월 22일 제2003-000045호
주소 10881 경기도 파주시 회동길 210
전자우편 editor@munhak.com | 대표전화 031) 955-8888 | 팩스 031) 955-8855
문의전화 031) 955-3578(마케팅) 031) 955-2671(편집)
문학동네카페 http:// cafe.naver.com/ mhdn
인스타그램 @munhakdongne | 트위터 @munhakdongne
북클럽문학동네 http:// bookclubmunhak.com

ISBN 978-89-546-8987-8 03910

www.munhak.com